Félix Varela

Antología

Barcelona **2023**
Linkgua-ediciones.com

Créditos

Título original: Antología.

© 2023, Red ediciones S.L.

e-mail: info@linkgua.com

Diseño de cubierta: Michel Mallard.

ISBN rústica: 978-84-9816-677-4.
ISBN ebook: 978-84-9897-015-9.

Sumario

Brevísima presentación

La vida

Félix Varela y Morales (La Habana, 20 de noviembre de 1788-San Agustín, Florida, Estados Unidos, 25 de febrero de 1853). Cuba.

Hijo de un militar español. A los seis años vivió con su familia en La Florida, bajo dominio española. Allí cursó la primera enseñanza. En 1801 regresó a La Habana, donde, al año siguiente, entró en el Seminario de San Carlos y San Ambrosio. En 1806 obtuvo el título de Bachiller en Teología y tomó los hábitos. Recibió el subdiaconato en 1809 y el diaconato en 1810. Ese mismo año se graduó de Licenciado en Teología. En 1811 hizo oposición a la cátedra de Latinidad y Retórica y a la de Filosofía en el Seminario de San Carlos. Obtuvo ésta tras reñidos y brillantes ejercicios y pudo desempeñarla gracias a una dispensa de edad. También en 1811 se ordenó de sacerdote. A partir de entonces y hasta 1816 desplegó una intensa labor como orador. En 1817 fue admitido como socio de número en la Real Sociedad Económica, que más tarde le confirió el título de Socio de Mérito. Por estos años aparecieron sus discursos en Diario del Gobierno, El Observador Habanero y Memorias de la Real Sociedad Económica de La Habana. Cuando en 1820, a raíz del establecimiento en España de la constitución de 1812, fue agregada la cátedra de Constitución al Seminario de San Carlos, la obtuvo por oposición mas solo pudo desempeñarla durante tres meses en 1821, porque fue elegido diputado a las Cortes de 1822. El 22 de diciembre del mismo año presentó en éstas, con otras personalidades, una proposición pidiendo un gobierno económico y político para las provincias de ultramar. También presentó un proyecto pidiendo el reconocimiento de la independencia de Hispanoamérica y escribió una Memoria que demuestra la necesidad de extinguir la esclavitud de los negros en la Isla de Cuba, atendiendo a los intereses de sus propietarios, que no llegó a presentar a las Cortes. Votó por la regencia en 1823, por lo que, al ser reimplantado el absolutismo por el rey Fernando VII, tuvo que refugiarse en Gibraltar. Poco después fue condenado a muerte. El 17 de diciembre de ese año llegó a Estados Unidos. Vivió en Filadelfia y después en Nueva York, donde publicó el periódico independentista *El Habanero*. Redactó, junto a José Antonio Saco, El Mensajero Semanal.

En 1837 fue nombrado vicario general de Nueva York. En 1841 el claustro de Teología del Seminario de Santa María de Baltimore le confirió el grado de Doctor de la Facultad. En unión de Charles C. Pise editó la revista mensual The catholic expositor and literary magazine (1841-1843). Publicó con seudónimo la primera edición de las Poesías (Nueva York, 1829) de Manuel de Zequeira.

Felix Veral murió en los Estados Unidos en 1853.

Esta antología

El presente volumen recoge artículos publicados por Varela en *El Habanero*. Como se verá, aquí se compilan desde textos políticos y de actualidad sobre la situación internacional de su época, hasta crónicas sobre los avances científicos y económicos. Asimismo aquí aparecen algunas de las críticas de que fue objeto el padre Varela por su posición a favor de la independencia de Cuba. Destacan además, por sorprendentes desde una mirada actual, sus observaciones sobre una inminente invasión de México y Colombia a la isla de Cuba.

Máscaras políticas

(Publicado en el periódico *El Habanero*)

Es tan frecuente entre los hombres encubrir cada una de sus verdaderas intenciones y carácter, que la persuasión general de que esto sucede, parece que debía ser un preservativo para evitar muchos engaños en el trato humano; pero desgraciadamente hay ciertos medios que sin embargo de ser bien conocidos, producen siempre su efecto, cuando se saben emplear, y la juventud, que por ser generosa, siempre es incauta, cae con frecuencia en los lazos de la más negra perfidia. Yo llamo a estos medios máscaras políticas, porque efectivamente encubren al hombre en la sociedad, y le presentan con un semblante político muy distinto del que realmente tendría si se manifestase abiertamente. Son muchas estas máscaras, pero yo me contraeré a considerar las principales, que son el patriotismo y la religión; objetos respetables, que profanados, sirven de velo para encubrir las intenciones más bajas, y aun los crímenes más vergonzosos.

Los que ya otra vez he llamado traficantes de patriotismo tienen tanta práctica en expender su mercancía, que por más defectuosa que sea, consiguen su venta con gran ganancia, porque siempre hay compradores incautos. La venta se hace siempre por empleos o por dinero, quiero decir, por cosa que lo valga; pues nadie es tan simple que pida una cantidad por ser patriota. Es cierto que algunas veces solo se aspira a la opinión, mas es por lo que ella puede producir; pues tal especie de gente no aprecia sino lo que da autoridad, o dinero.

Hay muchos signos para conocer estos traficantes. Se observa un hombre que siempre habla de patriotismo, y para quien nadie es patriota, o solamente lo son los de cierta clase, o cierto partido. Recelemos de él, pues nadie afecta más fidelidad, ni habla más contra los robos que los ladrones. Si promete sin venir al caso derramar su sangre por la Patria, es más que probable que en ofreciéndose no sacrificará ni un cabello. Si recorre varias sociedades secretas (como los que en España fueron sucesivamente masones, comuneros, etc.) enmascarado tenemos, y mucho más si el cambio es por el influjo que adquiere la sociedad a donde pasa, bien que jamás deserta uno de éstos de la sociedad preponderante, a menos que en la otra no encuentre algunas utilidades individuales, que acaso son contrarias al bien general, mas no importa.

Sin embargo, debe tenerse alguna indulgencia respecto de ciertos pretendientes, que siendo buenos patriotas, tienen la debilidad de arder en el deseo de un empleo, y entran en la sociedad que creen tener más influjo, y sucesivamente las recorren todas (como me consta por experiencia) para ver dónde consiguen. He dicho que debe tenerse alguna indulgencia, porque a pesar de que su conducta no es laudable, suelen tener un verdadero amor patrio, y ni por el empleo que solicitan ni por otra utilidad alguna serían infieles a su patria. Pero éstos no son muy comunes, y su principal defecto consiste en confundirse con los enmascarados circulantes; pues al fin un ambicioso es más sufrible que un infame hipócrita político. Aun en algunos casos no podrá graduarse de ambición el esfuerzo imprudente de algunos por colocarse en la sociedad, y a veces por huir de la miseria.

Otro de los signos para conocer estos especuladores es que siempre están quejosos, porque saben que el sistema de conseguir es llorar. Pero ellos lo hacen con una dignidad afectada, que da a entender que el honor de la Patria se interesa en su premio, más que su interés particular.

Suele oírseles referir las ventajas que hubieran sacado no siendo fieles a su patria, las tentativas que han hecho los enemigos para ganárselos, la legalidad con que han servido sus empleos; cosas que también hacen, y deben hacer los verdaderos patriotas, pero cuando la necesidad y el honor lo exigen, y con cierta modestia tan distante de la hipocresía como del descaro y atrevimiento. La Patria a nadie debe, todos sus hijos le deben sus servicios. Cuando se presentan méritos patrióticos es para hacer ver que se han cumplido unas obligaciones. Esta debe ser la máxima de un patriota. Un especulador viene por su paga; pídala en efectivo como un mercenario, désele, y vaya en paz. ¡Cuántas veces se les oye decir que están arrepentidos de haber hecho servicios a la Patria, y que si hubieran consultado mejor sus intereses hubieran sido sus enemigos! Estos viles confunden siempre la Patria con el gobierno, y si éste no les premia (merezcan o no el premio) aquélla nada vale.

Para conseguir su venta con más ventaja, suelen hacer algunos sacrificios, y distinguirse por algunas acciones verdaderamente patrióticas; pero muy pronto van por la paga, y procuran que ésta sea cuantiosa, y valga más que el bien que han hecho a la Patria. Ellos emprenden una especulación política lo mismo que una especulación mercantil; arriesgan cierta cantidad para sacar toda la ganancia posible. Nada hay en ellos de verdadero patriotismo; si el enemigo de la Patria les paga mejor, le servirán gustosos, y si pueden recibirán de ambas partes. Sobre todo, el medio más seguro para conocer estos enmascarados es observar su conducta. Yo jamás he creído en el patriotismo de ningún pícaro. Por más que se diga que la vida pública es una cosa y la privada es otra, prueba la experiencia que éstas son teorías y vanas reflexiones, sobre lo que pueden ser los hombres, y no sobre lo que son. Hay sus fenómenos en esta materia, quiero decir, hay uno u otro hombre inmoral en su conducta privada, y de excelente conducta como hombre público, o cuando se trata del bien de la Patria, aunque hablando con toda franqueza yo no he conocido ningún hombre de esta especie, y creo que sería muy difícil demostrar uno. He oído hablar mucho sobre esta materia, pero nunca se ha pasado de raciocinios. Sobre todo, los casos extraordinarios no forman regla en ninguna materia.

Debe tenerse presente que los pícaros son los que más pretenden pasar por patriotas, pues convencidos de su poca entrada en la sociedad, y aun del desprecio que merecen en la vida privada, procuran por todos medios conseguir algo que les haga apreciables, y aun necesarios. Ellos siempre son temibles, y es desgraciada toda sociedad, grande o pequeña, donde tienen influjo y aprecio hombres inmorales.

Muchos aspiran a este título de patriotas entre la gente incauta e ignorante, para hacerse temer aun de los que los conocen, y saben lo que valen. Hablan, escriben, intrigan, arrostran a todo el mundo, todo lo agitan, no paran un momento, arde en su pecho el sagrado fuego del amor patrio, se difunde esta opinión, y está conseguido el intento. Si se les persigue, está en ellos perseguido el patriotismo; si se les castiga, son víctimas del amor patrio; en una palabra, consiguen ser temidos. Piden entonces premio por no hacer daño, y como siempre hay hombres débiles, ellos logran su proyectada ganancia.

También deben contarse entre estos enmascarados cierta clase de tranquilizadores, que tienen la particular gracia de producir los males y curarlos.

Todo lo componen y tranquilizan, porque no hacen más que dejar de descomponer y atizar, y las cosas por su misma naturaleza vuelven al estado que tenían. ¡Cuántas disensiones y trastornos populares se han producido sin otro objeto que el de componerlos después, y ameritarse sus autores! Si no consiguen remediar el mal, por lo menos hacen ver sus esfuerzos para impedirlo, y esto les adquiere el título de buenos patriotas. Sacrifican mil víctimas, pero esto no importa si hacen su ganancia.

Hay aún otra clase de tranquilizadores más hábiles, que son los que saben fingir males que no existen, y abultar los verdaderos en términos que la multitud se persuada que está en gran peligro, y después mire como a sus libertadores a los que han sido sus verdugos. Todo fingen que se debe a su celo, actividad y prudencia; si no hubiera sido por ellos, el pueblo hubiera sufrido horribles males. Hacen como algunos médicos ignorantes que para ameritarse ponderan la gravedad del enfermo, aunque sea poco más de nada lo que tenga. ¡Qué partido saca de la sencillez de muchos la sagacidad de algunos!

Otra de las máscaras que mejor encubren a los pícaros es la religión. Estos enmascarados agregan a su perfidia el más execrable sacrilegio. Se constituyen defensores natos de una religión que no observan, y que a veces detestan. La suponen siempre perseguida y abatida. Se dan el aire de confesores, y a veces el de mártires de la fe (¡bien merecen ser mártires del diablo!) atribuyendo a las personas más honradas, y aun a las más piadosas, las ideas e intenciones más impías y abominables. En una palabra, ellos conocen el influjo de las ideas religiosas, y saben manejarlas en su favor. Mas esta especie de máscara ya casi no merece el nombre de tal, pues solo produce su efecto entre personas muy ignorantes.

Hay otro medio de cubrirse con la religión, o mejor dicho con el fanatismo, aun más especioso, y consiste en presentar los males que efectivamente produce este monstruo, y causar otros tantos y acaso más, que incluidos en el mismo número, se les atribuye el mismo origen, y quedan sus autores jugando a dos caras. No hay cosa mejor para el que tiene que dar cuentas que la quema de un archivo, porque luego se dice que todos los papeles estaban en él. Así en el orden político suelen atizar el fanatismo los que quieren que produzca estragos, para declamar contra él, y atribuirle todos los males. Hay otros menos perversos que no fomentan ni incitan directamente el fanatismo, pero sí se aprovechan de la ocasión que él les ofrece. Suelen también constituirse entonces en sus perseguidores, pero es, o para inflamarlo, o para sacar algún partido ventajoso en otro respecto. En todos estos manejos infernales aparece la religión como objeto principal cuando solo está sacrílegamente convertida en una verdadera máscara.

Siempre abundan estos enmascarados, porque siempre hay hombres infames, para quienes las voces patria y virtud nada significan, pero en los cambios políticos es cuando más se presentan, porque entonces hay más proporción para sus especulaciones. Nada hay más fácil que conocerlos si se tiene alguna práctica en observar a los hombres. Esta es la que yo recomiendo a la juventud para quien principalmente escribo.

Cambia colores

(Publicado en el periódico *El Habanero*)

En todas las mutaciones políticas se observa que los hombres mudan de conducta porque mudan de intereses; pero sin embargo hay una gran diferencia entre los que cediendo a la imperiosa ley de la necesidad se conforman con obedecer, y aun aspiran a merecer por su buena conducta en el nuevo orden de cosas y los que van mudando de opinión según advierten que se mudan las cosas, y procuran ostentar que nunca pensaron como todo el mundo sabe que han pensado, o que por lo menos nunca se sabe cómo piensan, pues no consta cuando fingen. La prudencia aconseja no arrostrar temerariamente y ser víctima de un deseo inasequible, pero esta misma prudencia y el honor exigen que los hombres no se degraden y se pongan en ridículo ostentando diversos sentimientos y diverso plan de ideas según el viento que sopla.

En la caída de la Constitución española se han observado muchos de estos cambia colores que a semejanza de los lagartos iban mudándose poco a poco, y tomando diversas apariencias hasta tener la que conservan de serviles, y que dejarían muy pronto si las cosas de mudasen. Era una diversión, y una rabia, ver algunos de estos lagartos en la plaza de San Antonio de Cádiz. Según se iban estrechando las distancias, variaban de lenguaje, y hombres que antes eran exaltados furiosos, iban apareciendo más que moderados, al día siguiente un sí es no es servirles, hasta que en los últimos momentos ya eran como los lacayos de Palacio. Muchos de los empleados empezaron por decir: Al fin parece que conservarán los empleos... puede ser que el rey cumpla... algo es algo... qué hemos de hacer. —Al poco tiempo ya decían: —Es claro que el sistema constitucional, por bueno que sea, no ha perdido, y últimamente ya preguntaban: ¿Cuándo se capitula con los franceses? ¿cuándo se acaba esto? En el día estarán en España pasando por fieles vasallos del rey los que más de una vez acusaban a las Cortes de débiles porque no proporcionaban un medio de matarle. Ahora estos mismos delatarán hasta a su padre por liberal, así como antes delataban a toda clase de personas ante la opinión pública como serviles, y delataban solo ante la opinión porque en el tiempo constitucional no podía procederse contra nadie por su modo de pensar, sino por sus operaciones, o verdaderos delitos. Estos mismos dicen ahora con frecuencia: en el tiempo de las llamadas Cortes, en el llamado sistema constitucional, en el desgraciado tiempo de anarquía, etc., etc. Y antes decían: ¡en el tiempo del despotismo, en la cruel época de la esclavitud y tiranía!

Aunque los cambia colores son bichos que abundan en todos los países, yo no he podido menos de hablar de los de España, porque verdaderamente han sido los más particulares y descarados. La sucesión que ha habido de gobiernos, ya absoluto, ya constitucional, los ha puesto en el caso de darse a conocer, y a la verdad que ha habido hombres bien ridículos. Su convicción ha sido siempre instantánea: en el momento en que ha caído una clase de gobierno se han convencido de sus vicios y de las perfecciones del que le ha reemplazado. La desgracia de estos cambia colores ha hecho que vuelva el gobierno anterior, y ellos en el momento se han convencido de que no tiene aquellos vicios que pensaban, y que es el mejor del mundo. Lo más particular es que se empeñan en persuadir (y persuaden a algunos) de que jamás han variado su opinión, sino que por prudencia, por evitar una persecución, por no sacrificarse inútilmente... Como si no fuese tan fácil distinguir las operaciones dictadas por la prudencia, de las que no tienen otro origen que la ambición y rastrero interés.

Estos indecentes, en el tiempo constitucional, no había daño que no atribuyesen al tiempo del absolutismo. Nada había hecho el rey que no fuese un absurdo; aun aquellas cosas de una utilidad conocida eran perjudicialísimas, y ahora, por el contrario, de todo tienen la culpa la Constitución y los constitucionales. Si no se hubiera interrumpido el gobierno absoluto bajo el mejor de los reyes (que antes era el mayor de los tiranos), ¡qué bienes no hubiera conseguido la nación! Infames, el hombre que no puede hablar lo que piensa, calla si tiene honor.

Es cierto que en todo cambio de sistema político puede haber sus convertidos, y efectivamente la gran fortuna de un nuevo gobierno es formarse prosélitos entre los que antes eran sus enemigos; pero la ficción del convencimiento es lo más degradante y ridículo que puede imaginarse. Esta es muy fácil de conocer, y solo creen que está oculta los mismos que la hacen. El nuevo gobierno, si no es muy estúpido, desprecia estos entes como debe, o a lo menos toma sus precauciones antes de poner en ellos su confianza (que jamás les concederá si conoce sus intereses), y respecto del pueblo quedan siempre marcados, y se les desprecia como a unos hombres bajos, que no tienen otro fin que la especulación. Los hombres de honor cuando mudan de opinión es por un convencimiento, y presentan las razones que les han obligado a hacerlo; pero jamás niegan su antiguo modo de pensar, porque como su conciencia nada les acusa, y siempre han tenido por objeto el bien de su patria, no creen que deben encubrirse. Estos inspiran confianza y mucho más si la observación que se ha hecho de ellos manifiesta que siempre han tenido igual conducta: éstos son una verdadera ganancia para un nuevo gobierno; pero éstos son muy raros, así porque no es fácil encontrar hombres de tales sentimientos, como porque es muy difícil convencer en materias políticas. ¿Quién convence a un verdadero liberal de que es bueno el gobierno absoluto? Ad calendas graecas.

Nada hay más respetable que la firmeza de carácter en los hombres, y la ingenuidad. Algunos serviles, aunque pocos, dieron gran ejemplo de estas virtudes en tiempo de la Constitución. Jamás negaron que sus ideas habían sido y eran contrarias, y que solo un convencimiento o la experiencia de los bienes que produjese el nuevo sistema podría hacerles variar de ideas. Estos hombres, lejos de ser molestados, inspiraban cierto respeto, y los liberales les miraban con bastante consideración. Se reconoció en ellos un alma firme y pundonorosa, y se esperaba que desengañados producirían muchas ventajas. Por el contrario, muchos que habían sido los más encarnizados perseguidores de los liberales, quisieron dar prontamente pruebas, no de liberalismo, sino de desenfreno, mas tuvieron la desgracia de que a muy pocos engañaron. El desprecio sigue siempre a los cambia colores.

Run Run

(Publicado en el periódico *El Habanero*)

En esta ciudad de New York, sin duda hay algún duende que de cuando en cuando esparce ciertas noticias que yo no sé cómo las brujulea allá por La Habana, pero que rara vez faltan. El maldito ha esparcido el run run de que en La Habana tratan de mandar toda la fuerza naval que tienen, y alguna más que pueden aprestar, sobre las costas de Colombia, para atacar a las fuerzas navales colombianas, y ver si las destruyen e impiden de este modo todo proyecto de expedición. Para esta empresa se piensa abrir una suscripción o mejor dicho, contribución a la cual se da el nombre de voluntaria, pero que formada a la vista de una comisión militar pronta a buscar motivo para pretexto de perseguir desafectos a S. M. puede inferirse que será tan forzada como si pusieran una pistola al pecho a todos los pudientes. Con este golpe van a ahogar en su cuna todos los proyectos de los independientes. ¡Qué guapos! Cuando pensábamos que no sabían cómo resistir, determinan atacar. Así se hace, y lo demás es conducta de gente de poco más o menos.

Lo malo es que los malditos colombianos, además de la fuerza naval que tienen, la cual reunida no teme a la escuadrilla de La Habana, preparan dos fragatas de 64, que se están construyendo una aquí y otra en Filadelfia, y que estarán listas en muy poco tiempo, y si llegan los buques que dicen tienen contratados los mexicanos, el negocio deja menos dudas y es muy probable que la expedición habanera entre en algún puerto de Colombia con distinto pabellón.

Pero supongamos lo que es más probable. Quiero decir que después de inmensos gastos para habilitar la famosa expedición, salen los buques a dar unas cuantas vueltas por las costas de Colombia, o más bien por las del sur de la Isla, que si los buques colombianos no tienen la fuerza suficiente se acogen a sus puertos y permanecen en ellos dos o tres semanas, y que pasado este tiempo se ofrece sin duda a la gran escuadra española urgente motivo para volver a puerto. El negocio está concluido gloriosamente, el dinero gastado, y la Isla en seguridad. Entre tanto se entretienen con toda tranquilidad los corsarios colombianos o los que saldrán a su nombre, en aliviar de sus cargas a todos los buques españoles o que conducen propiedades españolas a los puertos de La Habana y Matanzas, y quedarán frescos los armadores de la expedición. No importa: todo debe sufrirse, y no hay gasto sensible cuando se trata de conservar la tranquilidad. Ello puede llegar el caso que sea la de los sepulcros, pero al fin estarán tranquilos, en medio de los alborotos y desórdenes consiguientes a la independencia.

Conspiraciones en la Isla de Cuba

(Publicado en el periódico *El Habanero*)

Dos conspiraciones ha habido en la isla de Cuba, o mejor dicho: dos jaranas para alterar su estado o forma política, ambas con el mismo fin aunque con distinto nombre. Quiero decir: ambas para la independencia de la Isla, pero tomando la segunda el viso de restauradora de la Constitución española. Esta es una prueba de que por más que se diga, empiezan ya a ponerse en relación naturales y europeos, y aunque es cierto que ha sido corto el número y que como he dicho, merece más el nombre de una jarana que de una revolución, sin embargo no puede ocultarse que aún este pequeño paso indica que la opinión empieza a girar, y como volteada una parte de los europeos, es temible que el cambio sea más general, puso en cuidado al Gobierno este pequeño movimiento, no por lo que era sino por lo que podía ser.

La primera conspiración, llamada de los Soles, fue formada exclusivamente por naturales, y ésta ha sido la gran dicha del Gobierno, pues se le facilitó presentarla a los ojos de los europeos como destructora de sus fortunas y aun de sus vidas. Algunas imprudencias de parte de los naturales habían predispuesto los ánimos para esta persuasión, que en consecuencia no fue muy difícil. Esta decantada conspiración, que tanto ruido ha hecho, en realidad no consistía más que en unos esfuerzos inútiles por innecesarios para generalizar entre los naturales la opinión de independencia y tenerlos dispuestos para cuando llegase el caso. Casi todos los llamados conspiradores, que después de serlo no agregaron nada a lo que habían sido desde que supieron andar, no tienen otro delito para el actual Gobierno. Un corto número entró, no en planes, sino en conversaciones perjudiciales al mismo objeto que se proponían, y otro aún mucho más corto y puede decirse nulo, sin conocimiento de todo el resto formó proyectos menos acertados, que hubieran sido disueltos por todos generalmente.

Se han hecho y acaso continúan haciéndose innumerables prisiones, y como el delito de los presos es casi general, también lo es la inseguridad y el sobresalto. La mayor parte de los delatores se anticipan a serlo por ponerse a cubierto, pero son cómplices de los delatados, y yo no sé si el Gobierno ignora que los presos, a lo menos la mayor parte de ellos, no son los que sirvieron de base, y los que valían más en la conspiración, y que si las cosas se llevasen con rigor sería menester convertir las ciudades en cárceles.

Ya en el sistema infame de las delaciones encontraron algunos el medio de hacer mal, pero otros más diestros, hiriendo por los mismos filos, parece que van hallando el de impedirlo. Se hacen ya delaciones bien capciosas, y se multiplican en términos que agitan los ánimos, y en cierto modo ponen en ridículo al Gobierno, fingiéndole gigantes, para que arremeta. Quiera Dios que esta arma que se ha puesto en manos de la perversidad no produzca un efecto muy contrario del que se propone el Gobierno. Quiera Dios que el disgusto general no conduzca a una revolución sangrienta, por ser fruto de la desesperación. Apenas hay una familia que por parentesco o por amistad no esté relacionada con alguno de los que están presos, o de los que temen estarlo por hallarse en el mismo caso, y tal vez más implicados. Aun los que no han dado paso alguno que les comprometa, temen una venganza que cuando menos les hará pasar un mal rato, como ya ha sucedido con una familia respetable. La confianza que había en aquel país para hablar cada uno con libertad lo que quería en su casa o en la de sus amigos, falta enteramente, y el Gobierno debe temer mucho que un pueblo, privado por un espionaje de la libertad de hecho de que siempre ha gozado, y que ha sido el mayor vínculo de su unión a la Península, busque en sí mismo (que es donde únicamente existe) su felicidad, o por lo menos la remoción de un tormento.

En mi concepto, las llamadas conspiraciones, si han hecho algo en favor de la independencia, ha sido proporcionar que haya muchos presos, y otros que teman estarlo. Cada prisión vale por mil proclamas; lejos de extinguir el fuego de la insurrección lo que hace es excitarlo, pues el amor despierta en uno el deseo de la venganza, y otros a quienes poco importan las personas, se alegran de la oportunidad. Es un aviso de que un partido va teniendo fuerza el que se haga planes que motiven prisiones, y los que estaban predispuestos saben que hay gente de arresto con qué contar y que solo necesita reforzarse. Una conspiración sorprendida es un ejército dispersado que solo necesita reunirse y aumentarse para volver a la batalla. El Gobierno verdaderamente no ha podido menos de tomar algún partido para contener a los conspiradores, sea cual fuere la importancia de la conspiración, pero la experiencia me autoriza para decir que se han equivocado en los medios, y que ahora es cuando existe la verdadera conspiración, que es el disgusto de innumerables familias. Mientras el Gobierno no pueda dar garantías al comercio de la Isla y a los capitales existentes en ellas, no necesita más conspiración, y mucho menos será necesaria si a esto se agrega el furor que inspiran las persecuciones en un país donde nunca las ha habido.

Sociedades secretas en la Isla de Cuba

(Publicado en el periódico *El Habanero*)

Las conspiraciones perseguidas hasta ahora son obra de sociedades secretas, y éstas son el más firme apoyo del Gobierno, y el día que sepa que están verdaderamente extinguidas es cuando más debe temer. Parecerá ésta una paradoja, pero es una verdad muy obvia, pues aun cuando no se quisiese discurrir sobre su fundamento, bastarían los hechos para demostrarla. En primer lugar, las dichosas sociedades secretas entre los españoles y entre todos los que hablan este idioma son de secreto a voces. Todo el mundo sabe su objeto y operaciones, y solo se ignoran algunas puerilidades, y algunos manejos bien subalternos e insignificantes cuando se tiene conocimiento de lo principal. Por otra parte, el Gobierno hace entrar en ellas sus espías, y nada se le escapa, y por consiguiente pone los medios de dividir la opinión y evitar todos los golpes; mientras mayor sea el número de las sociedades secretas tanto mayor es la probabilidad, o mejor dicho la certeza de que jamás harán nada.

Las sociedades de la isla de Cuba, lo mismo que las de España, no son más que la reunión en secreto de un partido, que ni adquiere ni pierde por semejante reunión, y lo que hace es perturbarlo todo aparentando misterios donde no hay más que mentecatadas en unos, picardía en otros, y poca previsión en muchos que de buena fe creen que todos los asociados operarán siempre como hablan, y que tienen la misma honradez que ellos. Estos hombres se hacen entrar en tales sociedades para darlas valor y prestigio. Por lo regular en semejantes sociedades solo la juventud entra de buena fe, pues en los primeros años de la vida del hombre, cuando aún no ha adquirido el hábito de fingir, ni las dobleces de la sociedad, y tiene todo el vigor de la naturaleza, parte siempre por derecho, y se arroja abiertamente hacia el crimen o hacia la virtud. La voz patria siempre electriza el alma de un joven y todo lo arrostra por ella, pero en mayor edad se oyen siempre el mismo tiempo las voces ambición, riqueza.

Yo no apruebo semejantes sociedades en ningún país, pero sí aseguro que hay una gran diferencia entre las que existen en pueblos donde reinan las virtudes cívicas por un hábito que han contraído insensiblemente los hombres de promover el bien público, y las que se forman en pueblos donde las instituciones no han inspirado este carácter. Estoy muy distante de impugnar estas sociedades por motivos religiosos. Bajo este aspecto solo encuentro en ellas una infracción de las leyes civiles donde están prohibidas, y de las leyes eclesiásticas entre los católicos, fundadas no tanto en la convicción de que semejantes sociedades tengan por objeto atacar la religión, cuanto en la posibilidad de que esto suceda, en el escándalo que producen, y en los males que pueden causar a la sociedad, pues desde que se dice que un número de personas se reúnen en secreto hay derecho para sospechar, pues nadie está obligado a creer que son virtuosos porque ellas lo dicen, y al fin el que se esconde tiene qué ocultar. Sin embargo, yo jamás afirmaré que estas sociedades tienen por objeto atacar la religión, y en tal caso tampoco creo que se gana mucho con perseguirlas. Si las sociedades son verdaderamente secretas, ¿cómo se sabe que su objeto es impugnar la religión? Y si no son tan secretas que deje de traslucirse su objeto, ¿por qué se les da una publicidad y un valor que no tienen? ¿Por qué se aumenta el número de sus prosélitos persiguiéndolas? ¿Por qué no se consideran como una reunión de impíos, que no lo son porque estén reunidos, sino que están reunidos porque lo son? ¿Dejarán de serlo porque no se reúnan? ¿Dejarán de reunirse porque se les prohíba? Al contrario: es darle una importancia que acaso no tienen y excitar el espíritu de venganza, y hacer que se les reúnan muchas personas, cuyo carácter es la novedad, la singularidad y la contienda, pues sin duda hay muchos hombres que gustan de estar siempre en campañas políticas y religiosas, sin más razón sino que su espíritu se cansa de un modo de pensar y de un proceder monótono y quiere agitarse. Por hacerse raro hay hombre que se hace libertino, y si todos fueran libertinos se haría devoto. Una gran parte de los que entran en tales sociedades no tienen otro objeto sino decir que están en ellas, hablar con misterio, hacer cuatro morisquetas, y suponer que son hombres de importancia con quienes se cuenta para grandes negocios, aunque sean unos trompos que bailan lo mismo de púa que de cabeza.

Los hombres que en público carecen de virtudes y talento, sin duda no adquieren estos dones porque se junten en privado, antes al contrario, dan rienda con menos temor a sus pasiones. En un pueblo donde la moral pública aún no está cimentada en las leyes, sino en la opinión y carácter de los hombres, no debe esperarse que las reuniones secretas sean de otra naturaleza. Todas estas asociaciones aspiran a engrandecerse, así por el número de asociados, como por el valimiento que pueda tener cada uno de ellos, y de aquí resulta que la admisión es muy poco escrupulosa, y sin saber cómo, los hombres de bien e instruidos se ven asociados con pícaros y tontos.

Cuando estas sociedades secretas no tienen más que objeto político, o mejor dicho objeto de especulación, el primer paso que dan es declarar una intolerancia política, aún más cruel que la religiosa; la Patria solo es para los individuos de la sociedad; todos los que no le pertenecen, no son patriotas ni pueden aspirar a obtener ventaja alguna. Los empleos (y este es todo el negocio) son el patrimonio de la sociedad, y el Gobierno, sea el que fuere, no ha de seguir otro dictamen, ni tener otro impulso sino el que ella le comunique, en una palabra: se forma una aristocracia de un nuevo orden que no consiste en títulos de grandeza, pero produce los mismos efectos bajo un aspecto democrático, pues tiende a constituir en árbitro de la suerte del pueblo a cierto número de individuos. Haciendo lo mismo cada una de las sociedades, resultó la guerra sorda y espantosa que tanto estrago ha causado en la infeliz España.

Otro de los males que producen en los pueblos nacientes o no constituidos las sociedades secretas es la desconfianza general, porque en tales casos se sabe que se despliegan todas las pasiones y miras ambiciosas de que es susceptible el corazón humano, y todo el mundo teme que el objeto de los asociados sea oprimir a los demás para gozar ellos. Supongamos que una sociedad secreta está formada de las personas más virtuosas, que sus miras son las más justas, ¿y podrá persuadir, no digo a todos, pero siquiera a la generalidad? ¿No será de temer que degenere, y que si al principio es santa, acabe por ser infernal? Sus enemigos (porque los tiene toda sociedad), ¿no esparcirán mil voces alarmantes contra ella, y no será esto origen de infinitos males y continuos sobresaltos? ¿No provocará la formación de otras sociedades antagonistas, produciendo daños mayores que los bienes que acaso puede producir? Así es como toda la sociedad se divide en facciones, y en facciones que con cierta puerilidad ridícula proceden como por apuesta a quién vence, prescindiendo de las ventajas de la victoria, y de los sacrificios hechos para conseguirla.

No es menor el inconveniente que resulta de lo mucho que se exageran y se hacen sonar estos negocios de sociedades secretas en un pueblo poco experto. Cualquier junta secreta se supone desde luego que tiene gran número de partidarios que extienden su influjo por todas partes y que sus proyectos son diabólicos. De aquí el disgusto universal, y aun el terror de las personas poco reflexivas, al mismo tiempo que los especuladores políticos aparentan que solo viven por la Patria, que a sus desvelos debe ésta el ver contenida una multitud de gente perversa que en las tinieblas meditaba destruirla, etc. Cualquiera que medite sobre esta materia conocerá que no me he equivocado, o por lo menos que no carezco de fundamentos cuando afirmo que en los países como la isla de Cuba estas sociedades son indirectamente el apoyo del Gobierno, ya sea que hablemos de las que se forman con este objeto, ya de sus contrarias. Mientras los ánimos estén divididos, el Gobierno está seguro, o a lo menos tiene más consistencia, pues en un país donde por desgracia hay una especie de población tan heterogénea como en la isla de Cuba se necesita una unión mucho mayor que en otros pueblos para cualquier empresa política, y la experiencia acaba de demostrarlo...

Todo el mundo sabe que los comuneros y los masones del rito de España eran todos europeos y antindependientes, y que en contraposición estaban los masones del rito de York, la sociedad de la Cadena y la de los Soles, compuestas todas de naturales. De este modo se marcó mucho más la separación de naturales y europeos y se encendió el odio mutuo hasta el extremo de causar inquietudes a los hombres pacíficos y sensatos. Pero ¿qué hacían estas sociedades? Predicar a convertidos como suele decirse. Los europeos reunían europeos, y los naturales hacían lo mismo; ¡como si unos y otros no estuviesen naturalmente cada cual en su partido!

En la isla de Cuba nadie duda de que para conservar su estado político, sea el que fuere, es necesaria la unión, y nada la interrumpe más que estas asociaciones. Si son formadas por naturales, suponen los europeos que son contra ellos, y al contrario. Es un error pensar que en un pueblo que se halla en la situación crítica en que está la isla de Cuba se puede hacer nada bueno sin unión, y aún es mayor error creer que se conseguirá esta cordialidad reuniéndose cada partido en secreto. Las sociedades secretas de la isla de Cuba, como dije anteriormente, no son más que la reunión de los partidos, y por eso se vieron muy pronto masones de España y masones del rito de York, que quiere decir reunión de los naturales, que sin atender más que a su país prescindían enteramente de España, y reunión de españoles europeos que a todo trance estaban resueltos a promover los intereses de su país natal. Estos mismos se dividieron como en España en masones y comuneros, enemigos capitales, pero que sin embargo en la isla de Cuba convenían en hacer frente a los naturales, siempre que se tratase de separar la Isla de la madre patria.

Cualquiera conocerá que la formación de una sociedad de europeos da origen a otra de naturales, y al contrario, las cuales sin aumentar como he dicho el número de los que quieren la independencia, ni el de los que la contrarían, solo sirven para encender más el odio y preparar al país días más funestos. Mientras la diferencia solo consistía en haber nacido unos acá y otros allá, y suponer por consiguiente los europeos que a los naturales les interesa muy poco la España, y éstos que los europeos solo atienden al interés peninsular, la división no era tan sensible, pero desde el momento en que cada uno de los partidos (llamaremos así, ya que por desgracia han querido que lo sean) se figura que su contrario trabaja en secreto para destruirlo, se exaltan las pasiones, calla la razón y solo se atiende a buscar medios de venganza. Aun los que no entran en las sociedades secretas, toman interés por una y otra parte, pues es idéntica la causa; no hay europeo, sea o no sea masón, o comunero, que no esté con unos y otros si se figura que los naturales forman reuniones para tramar su ruina, por el contrario no hay natural que no esté dispuesto a auxiliar a las sociedades secretas de los suyos si conoce que los europeos se reúnen para querer dar el tono como suele decirse y oponerse a la felicidad del país. Yo repetiré una y mil veces que mientras haya sociedades secretas habrá un odio infernal entre naturales y europeos y que a la verdad el gobierno acaso podrá sacar partido, pero también puede suceder que estalle la revolución en términos muy desastrosos.

Debe tenerse muy presente una observación, que hará muy distinta la suerte de la Isla de Cuba respecto a las demás partes de América, y es que se procede sobre datos conocidos. Se saben ya los efectos de ciertas tentativas, se conoce la fuerza con que se puede contar, y cuál es la naturaleza de los recursos, y lo que es más: casi toda la población pensadora. No puede encontrarse una gran masa a quien alucinar, pues el más rústico de nuestros campestres tiene buena o mala su opinión sobre lo que conviene a la Isla y es familia a quien se necesita convencer. Es muy corto el número de los que pueden ser conducidos maquinalmente, y aun éstos solo podrán moverse en un sentido que es el que les halaga.

Sería de desear que los naturales y los europeos, en vez de formar asociaciones que agravan el mal, lejos de curarle, meditaran sobre el estado de la Isla, se acercaran unos a otros, empezasen a conocerse, no por hablillas y tonterías, sino por la confrontación de intereses, que es como se saca la verdadera opinión en un pueblo donde como he dicho anteriormente discurre la mayor parte pues nadie duda que los hombres piensan como utilizan. ¿Por qué no ha habido hasta ahora revolución en la Isla? No es por otra causa sino porque hay muchos que piensan, pero las circunstancias podrán llegar a ponerse en términos que los mismos pensadores crean que lo mismo se arriesga de un modo que de otro, y estos momentos serán muy peligrosos.

Los desgraciados acaecimientos de otros países han inspirado, no hay duda, gran desconfianza en la isla de Cuba entre naturales y europeos, mas es porque no se ha querido meditar. En los demás países, el choque de naturales y europeos ha amenazado calamidad, pero no ruina, y en algunos ni aun gran pérdida. Pero ¿sucede así en la isla de Cuba? Yo prescindo de un acaecimiento que no pocos temen, y acaso no sin razón, y limitándome precisamente a los efectos inmediatos de un choque entre europeos y naturales en la isla de Cuba, creo demostrar que ni unos ni otros están por ahora en ánimo de chocar y que solo una desgracia a que podrá dar lugar en lo sucesivo la imprudencia de una y otra parte los hará venir a las manos.

Los europeos, el día que desgraciadamente empezasen la guerra con los naturales, si escapan con la vida, pierden por lo menos toda su fortuna. Su suerte será desgraciadísima, pues si van a España será a perecer, si pretenden pasarse a otros países de América donde ya son bien recibidos todos los que vienen de la Península, porque ha cesado el odio que solo inspiraban las circunstancias, no tendrán tampoco muy buena acogida, porque al fin no inspirarán confianza unos hombres que salen de un país por choques con los americanos; si pretenden irse a otros países extranjeros, el distinto idioma, usos, clima, y lo que es más, el distinto carácter del manejo de negocios, donde un aprendizaje suele costar muy caro, es un obstáculo casi insuperable. Por otra parte los capitales no reditúan, o no producen, lo que en la isla de Cuba, al paso que los gastos son pocos o menores, y en algunos países casi los mismos. Además, una gran parte de los europeos están casados en el país, tienen sus familias a quienes, a pesar de las opiniones políticas, no pueden dejar de querer, y aun el mismo país después de haber vivido en él muchos años y hecho su fortuna les inspira amor. Yo no me puedo persuadir de que los europeos de quienes hablo miren la isla de Cuba con la indiferencia que la de Córcega o la de Sicilia. De estas consideraciones deduzco que el interés y la voluntad de los europeos radicados en la isla de Cuba es guardar armonía con los naturales. Consideremos ahora cómo piensan éstos.

Sea cual fuere el éxito del choque con los europeos, nuestra pérdida es segura, no solo por el temor común a unos y otros, sino porque nuestras fincas y todos nuestros capitales han de sufrir un menoscabo. Nuestra riqueza está toda sobre los campos, y un solo año de pérdida en las cosechas nos causa gravísimos males, que serán incalculables si, como es de temer, se arruinan las fincas. Nuestro comercio cesa en el momento que los capitales extranjeros se crea que no tienen seguridad en la Isla a causa de una revolución. Es preciso cubrir de luto muchas familias, ocasionar la desgracia de muchos amigos, y esto en una población corta jamás deja de ser muy temible. Muy pocos podrán matar un europeo sin dar muerte al padre de una esposa, al marido de una hermana, el pariente o al padre de un amigo, etc., etc. Esto es cruelísimo, es repugnante al carácter amable de los hijos de aquel suelo, y aún lo es más a su ilustración y principios. En ningún país de América están tan enlazadas las familias y los intereses, y éstos en ninguna parte son más conocidos. Deduzco, pues, igualmente que no hay en los naturales tal determinación de matar europeos, ni de cometer todos esos robos y demás crímenes que algunos mal intencionados han sabido ponderar, y persuadir, con descrédito e infamia de un país que por tantos títulos debía merecerles otra consideración. Lo que conviene es que todos trabajen por remediar los males que seguramente ha producido la desunión, y que no perdiendo de vista las circunstancias en que se halla la Isla, pongan los medios de conciliar los intereses de todos, pues aunque de las consideraciones que acabo de hacer se deduce que la armonía entre naturales y europeos tiene vínculos muy fuertes en aquel país, los giros de la opinión y las circunstancias pueden ser tales que por algunos momentos solo se atienda a la venganza, o a la remoción de un mal presente, bien que sea seguida por una pérdida futura que se atenderá muy poco.

El pueblo más sensato, el que más medita sobre sus intereses, tiene momentos desgraciados en que todo se olvida y parece que la sociedad retrograda al estado de barbarie. Ejemplos funestísimos nos han dado de esta verdad las naciones más cultas, y no debemos presumir que poseamos más cordura que todas ellas. Los movimientos de un pueblo ilustrado y pacífico son siempre una consecuencia de largos sufrimientos, o de repetidas tentativas para exasperarlo, y siempre van acompañados de la desesperación, que es la fuente de todos los desastres. Vivíamos en la isla de Cuba con la mayor armonía naturales y españoles europeos. Cada cual tenía sus opiniones, pero esto no interrumpía de modo alguno, no solo las relaciones comunes, pero ni aun las de estrecha amistad. Jamás se oía una expresión que pudiese ofender a unos ni a otros, pues si algo se hablaba era con tanta reserva, que ella misma indicaba la consideración mutua que se tenían ambos partidos. La imprudencia de algunos empezó aún mucho antes de caer el sistema constitucional a faltar a este miramiento, que podríamos llamar una especie de convenio tácito, y todo el mundo vio los funestos efectos que produjo y se están viendo sus consecuencias... Con unas denominaciones ridículas, que parecen entretenimiento de niños que solo se proponen entretenerse burlando, y no expresiones de hombres sensatos, se empezó a dividir más la opinión, o mejor dicho, a sustituirse a ella el resentimiento y empezaron a temerse mutuamente aun los que más se habían apreciado. ¡Qué diferencia tan notable en la sociedad! Los hombres de juicio que meditaban sobre sus resultados no podían dejar de lamentarse, mas por fortuna el desengaño de muchos individuos de una u otra parte ha minorado y aun puede decirse que impedido los males. Yo desearía que mis compatriotas (y doy este nombre no solo a los naturales de mi país, sino a los que le han elegido por patria) tuviesen siempre por norma que en la Isla solo deben distinguirse dos clases: los amigos de su prosperidad con preferencia a todos los países de la tierra, y los egoístas que solo tratan de hacer su negocio aunque se arruine la Isla; en una palabra: patriotas y especuladores, y que el nacimiento no constituye a nadie ni en una ni en otra clase.

No puedo concluir este artículo sin llamar la atención de mis compatriotas sobre las astucias de los gabinetes extranjeros. La isla de Cuba es punto muy interesante y puede tener mucha influencia en las miras políticas de los que por bajo cuerda están moviendo la máquina, y es preciso quitarles un medio de tomar parte abiertamente... No creo oportuno extenderme en estas consideraciones que no he hecho más que insinuar, porque no sé si al desenvolverlas tendría toda la prudencia necesaria en un asunto tan delicado.

Temperatura del agua del mar a considerables profundidades

(Publicado en el periódico *El Habanero*)

Siempre se habían deseado hacer algunos ensayos que pudiesen conducir a formar idea de las alteraciones que experimenta la temperatura del agua del mar según las profundidades, y si estas alteraciones son unas mismas en todas las latitudes, supuestas unas mismas profundidades, porque esto puede conducir al conocimiento del estado interior de nuestro Globo, dando valor o desvaneciendo la opinión del calor central, sostenida por Buffon y otros físicos y naturalistas. En estas observaciones debía asimismo tenerse muy presente lo que altera la temperatura del agua del Océano el retroceso de las polares, y al contrario, lo que éstas se alteran por la mezcla de aquéllas aun a grandes distancias.

Deseando, pues, repetir con alguna más exactitud los experimentos que habían practicado varios físicos, y en la zona tórrida donde hasta ahora no se habían hecho, creyó el capitán Edward Sabine que uno de los parajes más a propósito era el paso entre el Gran Caimán y el cabo de San Antonio en la isla de Cuba, lat. 20½ N. log. 83½ O., en cuyo paraje consideró que las aguas estaban al abrigo de la acción inmediata del Océano por la inter-posición de la isla de Cuba y que al mismo tiempo proporcionaba toda la profundidad necesaria para las observaciones. En una palabra: se reunían en cuanto era posible las dos circunstancias que hasta ahora se han echado de menos en los demás ensayos practicados, que es conseguir que el agua esté como aislada respecto del Océano y que al mismo tiempo fuese muy profunda, o como se expresa este físico: formara un vaso muy hondo lleno de agua en la zona tórrida.

Es fácil percibir que esta circunstancia no puede verificarse con todo rigor en ningún paraje del mar, pero sin embargo el elegido por Sabine se acerca mucho, no solo por la circunstancia antes indicada, sino por la naturaleza de las corrientes. En una carta al célebre Humphry Davy, a cuya instancia había emprendido Sabine estas observaciones, da la relación de ellas, que procuramos extractar.

Eligió un día bien claro y en calma, puso el buque a la capa, y por varias observaciones se cercioró de que casi no tenía movimiento alguno hacia adelante o hacia atrás, y que solo se movía un poco a Sotavento, cuya desviación graduó con toda la exactitud posible.

Como la gran presión que debe experimentar el agua del mar a grandes profundidades puede alterar su temperatura, creyó Sabine que debía hacer sus experimentos impidiendo esta presión, y permitiéndola para observar la diferencia en uno y otro caso. Tenía, pues, construidos al intento dos cilindros de hierro dentro de los cuales colocó dos termómetros de Six, o termómetros de registro, que indican la temperatura que ha habido aunque después se altere, como sucede también en el termómetro de Ruthenfort. Estos termómetros estaban sostenidos por un alambre espiral para impedir que se quebrasen en caso de chocar los cilindros contra alguna peña o contra el costado del buque al sacarlos.

Uno de los cilindros estaba cerrado por un extremo y tenía en el otro, por donde se introdujo el termómetro, un tornillo para cerrarlo ajustando perfectamente por medio de una rodaja de cuero. En el otro cilindro entraba libremente el agua, y así se consiguió observar las alteraciones sustraídas y permitiéndola.

Usó de una sondaleza de 1,230 brazas, y al extremo de ella colocó otros cilindros a distancia de dos o tres brazas uno de otro.

No era posible medir la profundidad con toda exactitud, porque al fin el movimiento del buque aunque corto, separaba la cuerda de la perpendicular, pero sin embargo esta desviación no era considerable, pues según los cálculos, venía a ser como media milla por hora, y habiendo tardado 25 minutos los cilindros en descender hasta desenvolverse toda la cuerda de 1,230 brazas, es claro que suponiendo el descenso a 1,000 brazas, se forma un cómputo muy bajo, pues no corresponden 230 brazas a la desviación, que debió ser mucho menor en los 25 minutos; pues 230 brazas darían una desviación de cuatro quintos de milla, que sin duda es mayor que la observada. Se convenció por este cálculo Sabine de que los cilindros se hallaban algo más de 1,000 brazas de profundidad y que podía tomar este número como efectivo.

Habiendo extraído los cilindros se encontró que el termómetro indicaba 45°.5, en el que daba paso libre al agua, y 49°.5 en el cerrado, siendo la diferencia de cuatro grados, pero acaso provino en parte del mayor tiempo en que estuvo el primer termómetro en contacto con el agua. Efectivamente, a pesar de todas las precauciones se encontró que el agua se había introducido en el cilindro, y solo parece que hubo alguna diferencia en el tiempo en que estuvo como forcejeando para entrar. Según repetidas observaciones, la temperatura del agua cerca de la superficie era de 82.5 a 83.2, según las distintas horas, y por consiguiente a la profundidad de 1,000 brazas había una diferencia de temperatura de 37 grados.

Sería de desear, como observa el mismo físico, que se repitiesen estos experimentos aprovechando días semejantes y colocando los cilindros a distintas distancias para observar si el decrecimiento de las temperaturas es proporcional a las profundidades, lo cual conduciría a muchas deducciones interesantes en la física. Sería asimismo muy conveniente repetir los experimentos a distintas latitudes, para observar si es también proporcional a ellas el decrecimiento de temperatura, supuesta una misma profundidad.

Anteriormente es cierto que se habían hecho varios experimentos sobre esta materia, pero con aparatos menos proporcionados. Perrón, que ha sido el que más se ha dedicado a estas observaciones, carecía del termómetro de registro, posteriormente inventado, y así tuvo que valerse del medio de evitar la conductibilidad del calórico usando algunos cuerpos poco conductores. Introdujo un termómetro ordinario en una serie de cajas cuyos intermedios llenó con paja, carbón, estuco u otros cuerpos de igual naturaleza y proporcionó que el agua no pudiese entrar en el aparato sino hallándose éste a gran profundidad, y que introducida no pudiese salir. Como las sustancias exteriores no daban paso al calórico, creyó Perrón que podía observarse la verdadera diferencia producida en el termómetro por el agua a una profundidad dada. También se han practicado los experimentos por este físico sin permitir la entrada del agua, sino conservando el aparato sumergido un tiempo suficiente para que a pesar de la mala conductibilidad de las sustancias que le componen pueda dar paso al calórico que saliendo de la capacidad donde se incluía el termómetro debía producir un descenso en él, o bien al contrario un ascenso si el agua del mar estaba más caliente a grandes profundidades que en la superficie. El mismo tiempo que había empleado el calórico en atravesar dichas sustancias, debía tardar para producir una nueva alteración termométrica, y así creyó Perrón que daba lugar a extraer el aparato antes que se hubiese producido ninguna diferencia en el termómetro.

Por mucha que fuese la exactitud de estos aparatos y la destreza de los que practicasen los experimentos, es fácil conocer, como observa Sabine, que están sujetos a mil equivocaciones, porque es muy difícil graduar la verdadera conductibilidad de las sustancias en todos los casos y por otras muchas circunstancias accidentales que absolutamente pueden evitarse.

Sin embargo, de los experimentos de Perrón pueden deducirse datos interesantes en esta materia donde es imposible conseguir una exactitud matemática, bien que pueden llevarse a mayor grado de corrección practicándolos con el termómetro de registro y con todas las demás circunstancias indicadas por Sabine. De dichos experimentos resulta que a una profundidad de 2,144 pies, habiendo permanecido el aparato 22 minutos en ella y habiendo tardado sensiblemente el mismo tiempo en su introducción y extracción, los resultados eran aproximados a los obtenidos por Sabine. En la latitud de 5 grados N. y a una profundidad de S. 200 pies, bajada el termómetro 38 grados T., y a la latitud 4 grados N. y a una profundidad de 2,144 pies, la diferencia termométrica era de 42 grados F. Es de esperar que ulteriores observaciones presenten un número de datos suficientes para discurrir con exactitud sobre esta materia.

Acción del magnetismo sobre el titanio

(Publicado en el periódico *El Habanero*)

El profesor Wollaston había creído que los cristales cúbicos del titanio solo eran atraídos por el imán cuando contenían algunas partículas de hierro de la piedra ferruginosa en que se le encuentra, pero habiendo hecho observaciones posteriores ha encontrado que estos cristales, aunque no son tan fáciles de atraer por el imán que pueda sostenerlos, sin embargo cuando se suspenden por un hilo y se aproximan a un imán es suficiente la fuerza magnética para desviarlos 20 grados de la perpendicular.

Habiendo hecho varios ensayos sobre la fuerza con que el imán atrae a otros metales encontró que un cubo de hierro que solo pesaba un gramo unido a una cadenita de plata que tenía 80 o 90 veces su peso, era suspendido por un imán, y que este mismo suspendía un grano de cobalto a un peso de 20 a 30 gramos.

Dedujo de aquí que acaso la pequeña cantidad de hierro que está naturalmente ligada y no simplemente adherida al titanio, puede ser la causa del fenómeno, y que no está demostrado si el titanio por sí solo es o no atraído por el imán. El profesor Wollaston hizo esta especie de retractación en una memoria que leyó en la Real Sociedad de Londres en 19 de junio de 1823.

Propagación del sonido

(Publicado en el periódico *El Habanero*)

Una de las materias que han presentado en la física fenómenos más particulares es la propagación de los sonidos. En diversas épocas se han hecho observaciones acerca de ellas, y muchas veces se ha deducido, solo por el cálculo. Mr. Goldingnan acaba de hacer en Madrás los últimos experimentos que tenemos sobre este particular. Ellos le han ocupado por mucho tiempo, y verdaderamente se necesita una constancia y paciencia ilimitada para practicar la multitud de experimentos de este sabio. En las transacciones filosóficas de Londres se han publicado las dilatadísimas tablas que los contienen. Yo en este artículo me contentaré con dar una idea del modo de las observaciones y de sus principales resultados.

En Madrás, el Castillo de San Jorge y el de Santo Tomás tiran un cañonazo por el amanecer y otro al ponerse el Sol. En medio de estos fuertes está el observatorio, aunque mucho más cerca del de Santo Tomás que del de San Jorge. Medidas estas distancias con exactitud, se tenía una situación muy útil para los experimentos.

Diariamente antes de salir el Sol y de ponerse se colocaban diversas personas en observación de ambos fuertes para esperar el momento del cañonazo. Tenían excelentes cronómetros para medir el tiempo entre verse la luz y percibirse el sonido. Unas personas absolutamente no se comunicaban con las otras, a fin de cotejar después las observaciones hechas sin engaño. Estas operaciones se repitieron por mucho más de un año, cuidando de observar siempre el estado de la atmósfera, en cuanto a las indicaciones del barómetro, termómetro e higrómetro. La siguiente tabla expresa el término medio de una multitud de observaciones, y a continuación pondremos otra que contiene los resultados que se tenían anteriormente por los cálculos de otros físicos para que pueda con más facilidad formarse un cotejo.

Tabla de la velocidad media en cada mes

Meses				
Enero	30.124	79.05	6.2	1101
Febrero	30.126	78.84	14.70	1117

Marzo	30.072	82.30	15.22	1134
Abril	30.031	85.79	17.23	1145
Mayo	29.892	88.11	19.92	1151
Junio	29.907	87.10	24.77	1157
Julio	29.914	86.65	27.85	1164
Agosto	29.931	85.02	21.54	1163
Septiembre	29.963	84.49	18.97	1152
Octubre	30.058	84.33	18.23	1128
Noviembre	30.125	81.35	8.18	1101
Diciembre	30.087	79.37	1.43	1099

Velocidad del sonido según varios físicos

Pies en un segundo

Newton	986
Roberts	1300
Boyle	1200
Walker	1338
Marsennus	1874
Flemsteed y Halley	1142
Académicos florentinos	1148
Académicos franceses	1172

Fenómeno observado por el profesor Silliman en el Chryophoro de Wollaston

(Publicado en el periódico *El Habanero*)

Diariamente se presentan al físico nuevos fenómenos, o por lo menos nuevos resultados de los fenómenos conocidos que le ejercitan en varias investigaciones, y le indican lo que debe evitar en el uso de los instrumentos. Ninguno es tan sencillo ni de una teoría más clara que el Chryophoro de Wollaston, y sin embargo un fenómeno inesperado llama la atención del acreditado profesor Silliman y le ha sugerido una precaución que debe tomarse al construir este instrumento.

Usaba Silliman de uno cuyos globos tenían pulgada y media de diámetro, y estaban unidos por un tubo de 15 pulgadas. Habiendo sumergido el globo vacío en una mezcla de nieve y ácido nítrico, advirtió que los vapores del agua que se hallaban en el globo opuesto se iban condensando, y aun llegaron a ser tan abundantes y a enfriarse en tal grado que se congelaron produciendo como una costra en todo el interior del globo. Hasta aquí el fenómeno nada tenía de extraordinario, sino la perfección y prontitud con que se había producido un efecto bien conocido; mas hallándose Silliman en esta observación reventó el globo opuesto que contenía el agua con una fuerza y estruendo extraordinario, lo que hasta ahora no se sabe que haya ocurrido jamás en este instrumento.

No podía este efecto atribuirse a otra causa que a la dilatación del agua, que sin embargo en ningún otro Chryophoro lo ha producido, mas Silliman observa que el suyo estaba lleno de agua hasta más de la mitad del globo, y a esta causa atribuye el fenómeno. Luego que se congelaron rápidamente las primeras capas de agua y que esta congelación se extendió hasta algo más abajo del centro del globo, se formó un sólido que no podía ascender porque su base era un círculo máximo de la esfera y no podía reducirse en términos de ocupar el hueco de ninguno de los otros círculos menores, como era preciso para que el sólido ascendiese.

Resultó, pues, que el agua inferior a este sólido, al congelarse, no tenía modo de extenderse hacia arriba y todo el impulso debió hacerlo hacia los lados y al fondo, y como esta nueva congelación debió ser muy rápida, como lo había sido la primera, porque los vapores continuaban condensándose con igual rapidez en el globo opuesto, necesariamente debió reventar el globo con toda la fuerza que se observó.

El profesor Silliman deduce de este fenómeno que en la construcción del Chryophoro solo debe llenarse hasta un tercio el globo que contiene el agua y que un descuido en esta materia es una imperfección en el instrumento.

Mas es preciso confesar que el Chryophoro construido de la manera ordinaria, esto es: con globos de cristal hechos al soplo, siempre estará expuesto a un accidente semejante, cuando la congelación se haga tan rápidamente como en el caso ocurrido a Silliman, pues usó la mezcla frigorífica más fuerte, esto es: la nieve mezclada con ácido nítrico. He dicho que siempre estará expuesto porque siendo estos globos necesariamente muy delgados bastará a veces la dilatación lateral del hielo para reventarlos, aunque esto no sea fácil, y de todas maneras es interesante la precaución que indica el citado profesor. Acaso convendría dar la forma cilíndrica al recipiente que contiene el agua, pudiendo en este caso ser algo más grueso el cristal.

Tranquilidad en la isla de Cuba

(Publicado en el periódico *El Habanero*)

No basta que un pueblo quiera estarse quieto, dije en el número anterior, si otros más fuertes se empeñan en que no lo esté. ¿Y quién duda que ésta es la situación de la isla de Cuba? Yo prescindo de cuál sea la verdadera voluntad de aquel pueblo, pero no puedo prescindir de la de los que le rodean y de los medios que tienen para conseguir su cumplimiento. No recalcitraría sobre estas ideas que pueden ocurrir a cualquiera que medite sobre la situación de aquel país, si las circunstancias no se estrechasen por momentos, y la indolencia no creciese desgraciadamente a la par que se aumenta el peligro. Debo a mi patria la manifestación de estas verdades, y acaso no es el menor sacrificio que puedo hacer por ella el hablar cuando todos callan, unos por temor, y otros porque creen que el silencio puede, si no curar los males, por lo menos disimularlos; y quieren recrearse con la apariencia de un bienestar de que ellos mismos no aciertan a persuadirse.

No es tiempo ya de tratar de derechos. Lo es solo de observar los hechos y prever sus resultados, si es que puede llamarse previsión la de un futuro que casi tenemos ya en las manos. El continente americano después de innumerables sacrificios se halla libre e independiente, pero le es indispensable alejar hasta la idea de que España tiene posesiones en América. En esto convienen todos los países, y acaso más que ninguno los Estados Unidos, porque su práctica de negocios políticos los pone más al alcance de todas las consecuencias del influjo europeo, por medio de una nación débil como la España. No es, pues, una suposición, sino un hecho constante, que todos reúnen sus esfuerzos para separar de España la isla de Cuba, que es el punto más interesante y por lo mismo el más perjudicial a los intereses americanos, si se conserva bajo el dominio de una potencia europea. Consideremos ahora los medios que tienen para conseguir su intento.

Por lo que hace a este país, es claro que los tiene todos, pero no los emplea abiertamente por la armonía que hasta cierto punto debe guardar con los gabinetes de Europa, mientras no medie una guerra; mas todo el mundo sabe que hay mil modos de salir de este embarazo, y de operar tan eficazmente como los demás pueblos de América, porque es una misma la causa, y uno mismo el interés.

Además, yo no puedo menos de hacer una observación, que indica ya el medio de que sin duda se valdrán estos Estados, para intervenir en los negocios de la isla de Cuba. Esta se halla inundada de piratas en tales términos, y con tanta crueldad, que con dolor oigo (pues jamás puedo olvidar que es mi patria) que se la llama el Argel de América, puesto que los mismos que cometen estos atentados se han querido dar el nombre de musulmanes. El gobierno de la Isla, débil o indolente, pues no me atrevo a llamarle cómplice como algunos sospechan, no pone remedio a este mal que se aumenta cada día, en términos que los piratas parece que forman ya una nación temida, si no reconocida por aquel gobierno. Es bien notorio que los piratas no son únicamente los que salen al mar, sino los compradores de los efectos, que animan estas empresas con su codiciosa y criminal conducta. Todo el mundo sabe quiénes son estos compradores, menos el Gobierno, que solo se ocupa en saber quién niega que es esclavo, para hacerle entender que tiene un amo.

Como los que más sufren en estas piraterías son los Estados Unidos, contra los cuales no parece sino que la España ha declarado de hecho una guerra —y una guerra sin leyes de naciones, puesto que sus súbditos, y los ajenos que se guarecen en su territorio, no cesan de saquear buques americanos y matar sus tripulaciones, llegando hasta a tener la crueldad de dar fuego a aquéllos con la gente dentro—, es claro que esta nación tiene un derecho para remediar por sí el mal que otros o consiente o no pueden evitar, y que exigirá, no una satisfacción de papeles, sino de hechos, y ya pueden inferirse los resultados. Hasta ahora solo los detiene la consideración de Inglaterra, pero con una causa tan justa no es muy difícil un convenio entre las dos naciones.

Las repúblicas de Colombia y México, que se presentan abiertamente hostiles, tendrán muy pronto todos los medios necesarios para arruinar la Isla, pues a la marina que cuenta la primera, agregará la segunda seis fragatas y otros buques que acaban de contratarse, y de los cuales se asegura que algunos están ya en el mar dirigiéndose a los puertos mexicanos, adonde acaso habrán llegado a esta fecha. Como el castillo de San Juan de Ulúa, donde debe tomarse es en la boca de los puertos de La Habana y Matanzas, no puede quedar mucha duda sobre el destino de dichas fuerzas marítimas.

En el puerto de Campeche se asegura que hay reunidos de cuatro a seis mil hombres, y que continuaban reuniéndose. Nadie puede figurarse que estas tropas tengan otro objeto que el de una invasión, pues seguramente no están esperando a los peninsulares, que lo que menos pueden, aunque no lo que menos piensan, es venir a conquistar la América. Y si al mismo tiempo (como casi es sabido) hacen los colombianos un desembarco por su parte, la empresa no es muy difícil. Yo estoy bien lejos de creer que un corto número de soldados, sea cual fuere su valor y decisión, basta para dominar la Isla, si hubiese una completa defensa; mas ya he hecho ver en el número anterior, que no es éste el caso que debe esperarse.

Pero supongamos que la temeridad, tomando el nombre de heroísmo, sostiene denodadamente la guerra, no ya contra los invasores, sino contra la gran parte de la población que se les unirá, ¿cuál debe ser el resultado? La ruina del país y la victoria de sus verdaderos enemigos... Los que hasta ahora han sacrificado todo a la tranquilidad de la Isla por un principio de especulación, y no por amor a España ni por fidelidad al rey, yo aseguro que al ver que todo lo pierden, abogarán por la cesación de la guerra, y solo un corto número de fanáticos políticos se determinará a perder su fortuna y la de todo el país, para sucumbir al fin con una gloria infructuosa, que perteneciendo a todos a nadie afecta, y cuya idea va siempre asociada con la de la barbarie, pues sus efectos son la miseria y la desolación.

Entre tanto la España, ocupada por un ejército extranjero que la inspira justos temores, además de chuparle el poco jugo que le queda; dividida en partidos que se hacen una guerra a muerte, y que jamás podrán conciliarse; sin recursos de ninguna clase, y con infinitas causas que destruyan los pocos que acaso puedan proporcionarse; amenazada por los colosos europeos de correr la suerte de los Estados débiles cuando sirven de obstáculo, o puede convenir a las miras de los poderosos; sin contar con nadie porque de nadie debe fiarse; arruinado el comercio, atrasada la agricultura, paralizadas las pocas artes que poseía; en una palabra, sin más que el nombre de nación, que acaso perderá muy pronto; esta España, digo, es el único apoyo de la isla de Cuba. Yo prescindo de las causas; el hecho es (y el hecho inevitable) que la Isla está abandonada a sí misma, después de haberla comprometido hasta el último extremo respecto de los demás países de América, por haber sido la verdadera España que ha hecho la guerra a todos ellos, pues de la península jamás ha venido ni un real para este objeto, y sin los recursos proporcionados por Cuba, hace tiempo que a los españoles se les hubiera olvidado que tuvieron colonias, y que ahora para continuar unida a España, se vería la Isla en la absoluta necesidad de entrar en una guerra sangrienta, de la cual no puede resultar sino su ruina.

Es cierto que en La Habana se esperan tropas de la península, pero esta esperanza es de aquellas que suelen inspirarse astutamente a los pueblos para entretenerlos o atemorizarlos, según conviene. Se dice por cartas particulares, que están dadas las órdenes para que se embarque en la Coruña el regimiento de la Unión, y pase a La Habana; pero como para este negocio se necesitan más pesetas que órdenes, y la España está exhausta, es más que probable que los pobres soldados no tendrán que atravesar el mar. Por otra parte, es sabido que los argelinos han empezado a hostilizar a los españoles, y esto exigirá poner en el Mediterráneo alguna fuerza naval, y como en línea de buques (como en casi todas) se halla la nación en estado de nulidad, yo no sé si habrá algunos que mandar con dicha expedición, la cual, si no viene con una fuerza naval respetable, se expone a ser batida y apresada.

Pero supongamos que sale la tal expedición y que llega felizmente a su destino, suposición que apenas puede hacerse, ¿qué se habrá adelantado? Obligar a los invasores a que empleen mayor número de tropa, mas no a que desistan de su empresa, ni que dejen de conseguirla. Soldados se vencen con soldados, y seguramente España no puede aumentar ni reemplazar los suyos en la Isla, como lo harán sus enemigos. Se aumentarán los gastos, sufrirá el pueblo, y se precipitará la revolución, lejos de impedirse. Yo prescindo de los que morirán del vómito cuando empiece el verano, y de los que viéndose en el caso de cebarse en la sangre de un pueblo que nada les ha hecho y que les ofrece mucho, se negarán a ser sus verdugos, y preferirán ser sus compañeros. Los más ilustrados se avergonzarán de ser los opresores de un pueblo, los enemigos de la libertad, y los ministros de un gobierno que ellos mismos detestan. Es pues enteramente infundada toda esperanza que pueda tenerse de sostener la Isla, porque venga de España uno u otro regimiento, pero aun es más infundado esperar que venga. Por otra parte, ¿quién ignora que la isla de Cuba se toma en el mar? Mientras mayor sea el ejército que tenga dentro, mayor es el gasto, mayor la miseria, y más segura la reacción del pueblo, si se le obstruyen todos los canales de su comercio, y por consiguiente se arruina su agricultura. Es preciso no equivocarse: la remisión de un corto número de tropas a la isla de Cuba, es como aquellos remedios que suelen aplicar los médicos a los enfermos moribundos, más por cumplir con el arte, que por sanar al paciente.

Yo deseo llamar la atención ahora sobre la naturaleza de todo pacto social, y con especialidad del que liga a las colonias con su madre patria, maternidad inventada por especulación política, pero que sin embargo conviene no impugnar al presente, sino que deduzcamos las consecuencias que se desprenden de ella misma, procediendo según los principios adoptados por sus defensores.

Todo pacto social no es más que la renuncia de una parte de la libertad individual para sacar mayores ventajas de la protección del cuerpo social, y el gobierno es un medio de conseguirlas. Ningún gobierno tiene derechos. Los tiene sí el pueblo, para variarlo cuando él se convierta en medio de ruina, en vez de serlo de prosperidad. Aun siguiendo las doctrinas de los legitimistas, sería imposible demostrar que un pueblo está obligado a sacrificarse por ser fiel a su legítimo señor, cuando éste le abandona, o no puede favorecerle, y cuando ni él ni su amo (si es que los pueblos tienen amos), sacan ninguna ventaja de semejante sacrificio, sino el placer de que diga un rey: se sacrificó todo un pueblo porque yo fuese su amo; ya no existe para mí, pero tampoco existe para otros ni para sí mismo. De sus moradores, unos perecieron en la guerra, otros han buscado su seguridad en la fuga, y el resto llora sobre los sepulcros de los que amaba, suspira por los que se le han alejado, contempla las ruinas de toda su fortuna, pero al fin está cubierto de la gloria de la fidelidad, y trasmite a las generaciones futuras la memoria de su valor y decisión. ¿Distaría mucho este heroísmo de la brutalidad? Pasaría, sí, a los siglos venideros la oprobiosa memoria de un pueblo que creyó que solo existía para un hombre a quien se ofreció en inútil y bárbaro sacrificio, por decir: te fui fiel. Los pueblos que por su debilidad se hallan en el triste estado de colonias, esto es, en el de producir para los goces de otro más fuerte, solo pueden soportar esta desigualdad social, en virtud de una recompensa que encuentran en la protección y garantía que se les presta; pero en el momento en que voluntariamente o por necesidad son abandonados; y lo que es más: expuestos por su protector nominal a una ruina inevitable, ¿bajo qué pretexto puede exigirse este sacrificio? Es preciso estar muy alucinado para sostener semejante absurdo.

Mas ¿por qué me alejo de la cuestión principal, o mejor dicho: por qué entro en cuestiones cuando todas son inútiles? Quiera o no quiera Fernando, sea cual fuere la opinión de sus vasallos en la isla de Cuba, la revolución de aquel país es inevitable. La diferencia solo estará en el tiempo y en el modo, y desde este punto de vista es como quisiera yo que se considerase el asunto. En vano se cansan los tranquilistas en ponderar las ventajas de su estado actual y todos los horrores de la revolución (horrores que ellos mismos producen y lamentan), pintando como monstruos a los que no piensan como ellos; en vano se pregonan los beneficios recibidos de España y las bondades del rey. Todo eso no viene al caso. Hablando de beneficios habría mucho que decir... pero... tampoco viene al caso. La isla de Cuba sigue la ley de la necesidad, y así como por ella se conserva dependiente, por ella misma puede verse precisada a tomar otro partido.

Para este caso, que quizás no dista mucho, deben prepararse los ánimos. Sea cual fuere la opinión política de cada individuo, deben todos reconocer el gran principio de la necesidad, y hacer todo lo posible para que su aplicación no produzca males. Una lucha imprudente es una ruina probable y a veces cierta. Es preciso reunir todos los esfuerzos para sacar ventajas de la misma necesidad.

Lo que más debe desearse en la isla de Cuba sea cual fuere su situación, es que los hombres de provecho, los verdaderos patriotas se persuadan que ahora más que nunca están en la estrecha obligación de ser útiles a su patria, obligación en cuyo cumplimiento va envuelta su utilidad personal; que depongan una timidez cohonestada con el nombre de modestia, que tomen parte en todos los negocios públicos con el desinterés de un hombre honrado, pero con toda la energía y firmeza de un patriota. No abandonen el campo para que se señoreen en él cuatro especuladores y alguna chusma de hombres degradados, que sin duda, se animarán a tomar la dirección del pueblo si encuentran una garantía de su audacia en la inoportuna moderación de los hombres de bien. El crimen no es osado sino mientras la virtud se muestra débil, y aunque es cierto que según la expresión de un sabio, el patriotismo es el último recurso de los perversos, y en circunstancias difíciles sobran siempre por desgracia hombres que afectando un interés público, jamás se mueven sino por los degradantes estímulos de la avaricia o la ambición, también es cierto que es muy fácil correrles esta máscara y hacerlos aparecer con su verdadero semblante. Tales hombres solo pueden contar con una masa de infames o de alucinados, y como jamás la generalidad de un pueblo es de perversos, ni tampoco puede ser alucinado, sino por algunos momentos, los triunfos de esta clase de especuladores son muy efímeros, y jamás se consiguen cuando los buenos patriotas se presentan en la lid.

Hasta ahora el pecado político casi universal en aquella Isla, ha sido el de la indiferencia: todos han creído que con pensar en sus intereses y familias han hecho cuanto deben, sin acordarse de que estos mismos objetos de su aprecio siguen la suerte de la Patria, que será lamentable si no toman parte en ella los hombres que pueden mejorarla, y aun hacerla feliz. No quiera Dios que a la desgracia se agregue la ignominia, y que muchos ni siquiera se atrevan a tributar el último homenaje a su malhadada patria, derramando algunas lágrimas sobre sus ruinas, por no aumentar el remordimiento, recordando que pudieron salvarla; quiera Dios que la ignorancia que se afecta no conduzca a una destrucción que solo pueda lamentarse.

¿Pero qué?, dirán algunos, ¿es la revolución de la isla de Cuba lo que intenta persuadir un hijo de este suelo? ¡La revolución, que equivale a la ruina del país; la revolución, cuyos horrores apenas puede contemplar sin estremecerse toda alma sensible! ¿Es la sangre de sus compatriotas la que quiere que riegue unos campos donde ahora, tranquilos y felices, recogen los frutos con que la naturaleza premia su trabajo, y los regala abundantemente? ¡Ah! Este será el lenguaje con que el interés momentáneo procurará callar la voz imperiosa de la razón que manifiesta su inconstancia. Mas, ¿qué importa? La verdad siempre ha tenido enemigos, y jamás la calumnia ha dejado de atacar a sus defensores. Sin embargo, yo tengo el noble orgullo de persuadirme de que no habrá uno solo tan olvidado de sí mismo que conociéndome, y entre los que me conozcan, tenga la impudencia de llamarme sanguinario. ¡Ah! esa sangre es la que yo quiero impedir que se derrame; esos bienes son los que yo quiero ver afianzados, esa paz es la que yo anhelo porque se cimente. Deseando que se anticipe la revolución, solo intento contribuir a evitar sus males. Si se deja al tiempo será formada, y no muy tarde, por el terrible imperio de las circunstancias; un hado político la decreta, ella será formada por el mismo gobierno español, que desconociendo sus intereses, y alimentándose con ficciones que ya sobre ser temerarias tocan en ridículas, no dará paso alguno para conservar lo poco que le queda, y teniendo como siempre ha tenido por sus enemigos a todos los que le han dicho la verdad y le han aconsejado aproveche siquiera los escombros de su arruinado edificio, dará lugar a la destrucción de un pueblo al que no da otra defensa que llamarle siempre fiel (¡malhadada fidelidad!); pero entonces ¡con cuántas desventajas!

Aun los más obstinados en la adhesión a España, creo que si no han perdido el sentido común, confesarán que una gran parte de la población de la Isla (para mí es casi toda) está por su independencia, y otra solo está por su interés particular y se agregará a los que puedan garantizarlo; que es más que probable la invasión de la Isla, y que con tales elementos es casi evidente su toma. ¿Y cuál será en este caso probabilísimo, cuál será, digo, su desgraciada suerte? ¿Se habrá economizado la sangre? ¿Sentirá mucho verterla un ejército extranjero (porque a mí nadie me alucina con parentescos de pueblos), pisando un país donde solo encuentra objetos de venganza? ¿Quedarán en aquellos campos los frutos que forman su riqueza? ¿Qué propiedad o qué vida estará garantizada? ¡Ah! Es preciso confesar que hay apatías más crueles que las mismas furias. Una revolución inevitable, prevista y no preparada, es a la vez la ruina y la ignominia de un pueblo.

Jamás he dado a nadie el trabajo de adivinar mis opiniones; siempre he hablado con franqueza, y mucho más debo usarla cuando se interesa el bien de mi patria. Yo opino que la revolución, o mejor dicho: el cambio político de la isla de Cuba es inevitable. Bajo este supuesto, para sacar todas las ventajas posibles y minorar los males, debe anticiparse y hacerse por los mismos habitantes, callando por un momento la voz de las pasiones, no oyendo sino la de la razón y sometiéndose todos a la imperiosa ley de la necesidad. Sea cual fuere la opinión política de cada uno, todos deben convenir en un hecho, y es que si la revolución no se forma por los de casa, se formará inevitablemente por los de afuera, y que el primer caso es mucho más ventajoso. En consecuencia, la operación debe ser uniforme. Pensar como se quiera; operar como se necesite. Si por desgracia, se diere lugar a la invasión de tropas colombianas o mexicanas, es menester unirse a ellas; no tomar la defensa de un gobierno que solo pide sacrificios inútiles; cambiar el orden de cosas, y despedir prontamente los huéspedes con las indemnizaciones que fueren justas y con las pruebas de la más sincera amistad y gratitud. Cualquier otro partido que se tome, es inútil, es absurdo, y es destructor del país. ¿Por qué se pelearía entonces? ¿Por la tranquilidad? Sería el medio de perderla para siempre ¿Por la riqueza? Sería el medio de aniquilarla. ¿Por el comercio? ¡Ah! Este desaparecería en el momento. ¿Por un amo? No puedo hacer a mi país la injuria de suponerlo. No; no presentará la historia al mismo tiempo en el otro hemisferio a la inmortal Ipsara haciendo prodigios de valor por ser libre en medio de los esclavos, y en éste, a la interesante Cuba luchando entre los libres por ser esclava.

Compatriotas: salvad una patria cuya suerte está en vuestras manos. ¡Ah! ¿y perecerá en ellas? Echad una sola mirada sobre un futuro, que ya tocamos: no permitáis que vuestro nombre pase con execración a las generaciones venideras. Al que fuere tan débil que aun tema cuando la patria peligra, cuyo temor es ignominia, concédasele la vida en castigo de su crimen; arrastre, sí, una existencia marcada en todos momentos con abominación y oprobio. Súfranse estos tímidos, pero reprímanse los que no lo fueren para asesinar la patria siéndolo solo para libertarla. Son nuestros todos los que piensen o por lo menos operen como nosotros, sean de la parte del mundo que fueren. Unión y sincera amistad con ellos. Son enemigos todos los que por cualquier respecto lo fueren de la Patria. Firmeza y decisión para castigarlos. Olvido sobre lo pasado. La generosidad en cada partido no es ya solo una virtud moral; es un deber político, cuya infracción convierte al patriota en asesino de su patria. Unión y valor; he aquí las bases de vuestra felicidad.

Preveo todo lo que maquinará contra mí el espíritu de adulación, que es bajo y cruel mientras está en pie su ídolo, e ingrato y variable luego que perece. Nada me aterra; no ha puesto la pluma en mis manos la invectiva ni el elogio; condúcela el bien de mi patria, y nada me afectan las voces de sus enemigos. Mi posición autoriza a cualquiera para calumniarme suponiéndome miras particulares; lo conozco, y confieso con la franqueza que me es propia, que esa consideración me ha detenido hasta ahora, esperando que otros a quienes la desgracia no ha herido como a mí, sacasen en favor de la Patria todas las ventajas que les da su feliz posición. Mas ya que todo el mundo calla, yo no sé callar cuando mi patria peligra, y habiéndola sacrificado todos los objetos de mi aprecio, yo no la negaré este último sacrificio; su imagen jamás se separa de mi vista, su bien es el norte de mis operaciones, yo la consagraré hasta el último suspiro de mi vida. Es cierto que yo no puedo encontrar donde quiera mi Habana, como pretendió Horacio se encontrase su decantada Ulubre; es cierto que desde el momento en que la desgracia de mi patria envolvió la mía, solo me he consolado repitiendo con frecuencia las memorables palabras que el orador de Roma puso en boca de Tito Annio Milón: si mihi frui patria bona non licet at carebo mala; y he suspirado constantemente por verla en un estado digno de ella misma; pero no me conoce el que no se persuada de que viviría gustoso aun en las heladas regiones del polo, si esto lo exigiese el bien de mi patria. Yo vivo tranquilo y superior a mi suerte. La imagen de Washington, presentada por todas partes en las calles y casas de un pueblo racionalmente libre y sólidamente feliz, al paso que me inspira una envidia perdonable, me convence de que no es ficticio el bien que deseo para mi patria. El testimonio de mi conciencia, he aquí un bien inadmisible, de que no podrá privarme toda la saña de mis enemigos ni el poder de los tiranos. Yo he dado un adiós eterno a los restos de una familia desgraciada, y en medio de un pueblo libre mi existencia sin placeres, pero sin remordimientos, espera tranquila su término. Acúsese cuanto se quiera mi intención, pero respóndase, si es que se puede, a mis razones, Débiles: calumniadme; ése es el único recurso que os queda.

Estado eclesiástico en la isla de Cuba

(Publicado en el periódico *El Habanero*)

Sin una injusticia manifiesta no se atreverá a negar nadie que el estado eclesiástico en la isla de Cuba, solo tiene el nombre de estado, porque al fin son muchos hombres que llevan un mismo género de vida, y ejercen unas mismas funciones como ministros de la única religión admitida en el país, mas no porque formen un cuerpo con intereses contrarios a la generalidad, ni se mezclen jamás en los negocios políticos, sino como individuos particulares los que han querido hacerlo (que son muy raros), pero nunca reclamando derechos de corporación, ni con pretensiones que indiquen no un interés de los individuos aisladamente, sino el del cuerpo como por desgracia sucede en otros países.

Es innegable que dondequiera que hay hombres reunidos bajo cualquier orden o principios, hay cierto espíritu de corporación, tan natural e inevitable, que es la mayor locura pretender destruirlo, pues la oposición solo sirve para aumentarlo. La sociedad, aún prescindiendo de las divisiones jerárquicas, tiene otras muchas producidas por la distinta profesión y contacto de los intereses de los hombres, y el gran tino político consiste en saberlas dirigir con prudencia, y sacar de ellas todo el partido posible en favor de todo el cuerpo social. El cimiento de esta gran obra solo puede ser un bien general y éste no puede ser otro que la conservación del cuerpo que sostiene todas estas clases, como el tronco las diversas ramas. Las pretensiones exorbitantes llevan consigo mismas el carácter de infundadas y efímeras, y aunque halagan a los que las abrigan, jamás les convencen de su perpetuidad, y la experiencia no menos que la razón demuestra que en circunstancias críticas hay muy pocos hombres que se aventuren a perder un bien constante y fácil de conservar, por hacer tentativas para adquirir un bien improbable en su existencia y en su duración.

El clero de la isla de Cuba vale más como propietario que como corporación, y la generalidad no debe sus propiedades a su Estado, sino a su familia y país. Las congruas no son más que un requisito para la ordenación, pero habrá muy pocos (si es que hay algunos) que funden en ellas su subsistencia. Tienen tanto motivo de interés civil como todos los demás del pueblo, de quienes no se distinguen sino por el ropaje. Si el azúcar y el café valen, y si las casas rinden un buen alquiler, seguramente no se interesan menos los eclesiásticos que los seglares en estas ventajas que no trocarían por ninguna especie de privilegio de consideración social. No hay, no, en la isla de Cuba la multitud de eclesiásticos miserables que en otros países donde el hambre pone a prueba la virtud.

El número de eclesiásticos en aquella Isla, lejos de ser excesivo, en algunas partes es insuficiente, donde están acaso más aglomerados de lo que convendría, no por eso gravan al pueblo, pues como he dicho, viven de caudales propios y no se distinguen de los demás ciudadanos sino en su ministerio. Solo se sostienen de fondos públicos los párrocos, y aquellas personas absolutamente necesarias al culto, las cuales, sea cual fuere la situación de la Isla, han de permanecer en sus destinos. Las rentas que disfrutan son bastante moderadas, y en algunos parajes bastante escasas. De modo que en ningún cambio pueden temer su disminución, y muchos seguramente deben esperar su aumento. Es, pues, evidente que aun cuando se quisiese hacer al clero de aquella Isla el gran ultraje de sospechar que en algún caso tendría miras contrarias al bien general del país, semejante calumnia se desvanecería prontamente a la vista de cualquier hombre imparcial que meditase en la materia, no fundándose en observaciones generales y ejemplos aplicados, sino en los datos particulares y circunstancias del estado eclesiástico en aquel país.

Los frailes, he aquí la cantinela. Los frailes son en muy corto número; no tienen señoríos, ni las prerrogativas de que suelen disfrutar en otros países. Lejos de querer conservar los conventos los más de ellos desean que les permitan marcharse para sus casas, creyendo como deben creer que acaso de ese modo son más útiles a la Iglesia; otros que son de distinta opinión, o que convierten el escrúpulo en santidad, se hallan penetrados del verdadero espíritu de su regla, y jamás serán capaces de convertirla en base de especulación, y el cortísimo número de los que no pertenecen a estas clases, nada significa. Yo tengo dadas algunas pruebas de no ser parcial de estas corporaciones, que prescindiendo de lo que fueron, se sabe lo que son y lo que serán, pero también he procurado darlas de aprecio al mérito individual y de respeto a las mismas corporaciones, mientras ellas están autorizadas por la sociedad. Yo desearía que no hubiese ni un fraile, pero mientras los haya, deseo verlos respetados, como deben estarlo todas las clases en una sociedad bien organizada. Su extinción debe dejarse al tiempo, y a ellos mismos que acabarán muy pronto la obra; precipitarla es hacer una cosa muy fácil, pero no conveniente, sino perjudicial. Estas ideas tienen toda clase de opositores. Los ilusos graduándolas de impías, los acalorados teniéndolas por muy tímidas. Yo aseguro a los primeros, que compadezco el estado de su espíritu y que no me ofenden; y a los segundos, que si se tranquilizan por un momento, conocerán que tengo motivos para creer que esta que llamarán irresolución, es una verdadera justicia respecto de las personas y un dictamen de prudencia social.

Por otra parte, es innegable que si en aquel clero no abundan los hombres sobresalientes, sin embargo no faltan, y la generalidad tiene la instrucción que basta para desempeñar con decoro su ministerio y para merecer aprecio en la sociedad. Se halla despojado de ciertas preocupaciones, o mejor dicho de ciertas manías que son fruto del aislamiento social de otros países, y que son incompatibles con la naturaleza de un pueblo mercantil, puesto en contacto con casi todos los del universo.

Bien sé que muchos dirán que escribo apasionadamente, porque al fin yo fui individuo de aquel clero, y no habiendo chocado jamás con ninguno de mis compañeros, debo conservarles, y les conservo, grande afecto; mas yo suplico que no se atienda a quien escribe, sino lo que escribe, y en qué lo funda. Sobre todo, yo he puesto mi nombre al frente de este papel, para que cada cual forme la idea que quiera sobre las intenciones de su autor y saque todo el partido que pueda ofrecerle este conocimiento.

No, no ha sido mi ánimo formar la apología del clero de la isla de Cuba, sino prevenir un golpe que acaso se trama contra la felicidad del país. Pueden algunos equivocadamente creer que aseguran su tranquilidad y que contrarían los planes de los conspiradores introduciendo, o mejor dicho fingiendo que han introducido, el estado eclesiástico en el asunto político. En el momento en que se inspire desconfianza entre el pueblo y el clero, formando de éste un cuerpo separado de aquél; en el momento en que se haga religiosa una cuestión puramente política, todo se pierde, y para todos. La ilustración de aquel pueblo no permitirá los excesos que lamentamos en otros, pero cualquier herida es muy grave en punto a unión entre aquellos habitantes, y ésta no sería una de las menores. No es muy difícil conocer cómo piensa la generalidad del clero de la Isla, pero tampoco es difícil inferir cómo pensará, si la imprudencia da lugar al resentimiento. Nada de clérigos y frailes, y sobre todo nada de alucinamiento. Conviene estar sobre aviso, pues no debe dudarse que si las circunstancias se estrechan, habrá gente pagada que grite contra los eclesiásticos para ganárselos. Digo más: habrá hasta impíos de especulación que por todas partes difundirán la alarma entre las personas virtuosas y sencillas, que no conozcan la trama, y adviertan que la impiedad y el fanatismo son cualidades que afectan a las personas, pero que sirven de instrumento a la política. La mitad de los que se presentan como impíos se presentarían como devotos si conviniera a los que les mandan representar el papel y les pagan su dinero. Por ilustrado que sea un pueblo, siempre tienen su influjo en los negocios civiles las ideas religiosas, y en una sociedad pequeña es el arma más funesta que puede emplearse el agitar los ánimos con cuestiones, o mejor dicho, con sarcasmos y ataques de esta naturaleza. El camino del cielo está bien claro, y cada cual puede seguirlo o separarse de él como mejor le parezca, pero convengamos todos en conservar la tierra, y en conocer las tramas de los que quieran privarnos pronto de ella.

Por una fatal desgracia ha logrado en la infeliz España la ignorancia lamentable de algunos y la infame hipocresía de muchos presentar a la vista del pueblo sencillo como incompatibles, o por lo menos, poco conformes las ideas de libertad y religión, haciendo que ésta se tenga como una de las bases del poder arbitrario y si se quiere de la tiranía; conducta inicua que al paso que oprime a los pueblos y protege toda suerte de crímenes, dándoles el sacrílego viso de santidad, es uno de los ataques más fuertes que pueden darse a la misma religión. ¡Ah! Sin duda la ignoran, o no la profesan los que piensan, o persuaden que este don del cielo, en vez de ser (como lo es) la fuente única e inagotable de la felicidad humana, ha sido dado por Dios sin otro fin que el de hacer desgraciadas a sus criaturas. La libertad y la religión tienen un mismo origen, y jamás se contrarían porque no puede haber contrariedad en su autor. La opresión de un pueblo no se distingue de la injusticia, y la injusticia no puede ser obra de Dios. Solo es verdaderamente libre el pueblo que es verdaderamente religioso, y yo aseguro que para hacerle esclavo es preciso empezar por hacerle fanático. ¡Tan lejos está la verdadera religión de ser base de la tiranía!

Yo repito con la más grata emoción que el pueblo de la isla de Cuba se halla en muy diferente estado que la generalidad de los pueblos peninsulares en cuanto a esta materia; mas no por eso debemos descuidarnos y despreciar los ataques que puedan preparar los enemigos de la libertad. Defensores del trono y del altar: quitaos la máscara. Vosotros podréis servir de apoyo al primero, mas la sagrada víctima que se sacrifica en el segundo abomina vuestra hipocresía, y detesta vuestra impiedad. Ya que sois déspotas, no seáis sacrílegos. La fuerza es el apoyo de la tiranía, y la religión no puede servirla de pretexto, sino empezando por experimentar ella misma el mayor de los ultrajes. Es un espectro de religión el que os sirve de máscara, vuestra conciencia os lo dice, los sensatos lo conocen, los simples lo sufren, y Dios a quien ofendéis quiera perdonaros. Mas ¿para qué me detengo en reflexiones que en vano persuaden la razón si no promueven el interés privado, único móvil de los seres prostituidos al poder? Yo confío en el clero de la isla de Cuba porque le conozco, y espero que si una política infernal intentase (como lo consiguió en España) tomar a la religión por pretexto para sus inicuos planes, no solo no encontrará cabida entre tan beneméritos eclesiásticos, sino que cada uno de ellos en desempeño de su sagrado ministerio trabajará por correr este velo y evitar a nuestra sagrada religión un ultraje tan manifiesto . Sí, yo no dudo que ésta será su conducta y que el pueblo de la isla de Cuba, lejos de ser jamás oprimido por el influjo de su clero, encontrará en él un firme apoyo, del cual en vano se tratará de privarlo.

No hay que seguir ejemplos de otros pueblos... El caso es totalmente distinto, y se tratará de hacerlo idéntico. Muchos hablan de clérigos y frailes por moda como quien tira palos de ciego sin distinguir de pueblos y de personas. Estos imprudentes, si aman su país, deben moderarse, y los perversos que lo hagan por una paga, deben ser reprimidos, pues nada es más fácil.

Afortunadamente en la isla de Cuba no han llegado las cosas a este miserable estado, pero vale más prevenir los males que curarlos. Nadie ignora las críticas circunstancias en que se puede hallar la Isla, y ningún aviso en esta materia será inoportuno. El modo más eficaz de hacer entrar una corporación en un partido es decir que ha entrado; y el de separarla, sostener que está separada, porque entonces se granjea el odio del partido contrario, y en vano pretende sincerarse cuando solo se da oído al resentimiento. Pierden entonces todos sus individuos, no solo la esperanza de medrar, pero aun la de ser bien vistos y aun hasta la de existir, y unos por despecho, y otros por cálculos, se van de veras al partido donde se decía que estaban, y mucho más si éste sabe ofrecerles y halagarles, pues son pocos los hombres que tienen la firmeza de carácter necesaria en situación tan terrible. ¡Ojalá que estas ligeras reflexiones puedan contribuir al desengaño de muchos que acaso con la mejor intención servirían sin saberlo de instrumento a los perversos!

Bombas habaneras

(Publicado en el periódico *El Habanero*)

El miedo ha sido siempre el principio más fecundo de ficciones, y como en La Habana no falta, han adquirido gran feracidad los mentideros (por el cuidado y operación de muchos que no concurren a ellos), y sus cultivadores aventuran sin reparo, porque el estado de los ánimos es propio para recibirlas gordas. Ya se aterran, ya se animan, ora solícitos, ora indiferentes, pero siempre equivocados, y tanto más cuanto menos creen estarlo. Un día brotan conspiraciones por cada punto de la Isla, y todas con proyectos sanguinarios; los ánimos están exasperados, la división es inevitable, el odio es mortal, y todo amenaza convertir a la hermosa Cuba en un campo de desolación y de espanto. Al día siguiente todo se ha concluido. Las conspiraciones se han cortado de raíz; los buenos (que solo pueden serlo los antindependientes), todos sostienen al Gobierno; un corto número de locos y de perversos es el único que intenta algo; mas sus esfuerzos son ridículos. Llega por desgracia de los tranquilistas alguna noticia de España poco favorable, o se dice que los patriotas consiguen victorias en el Perú: empieza en el momento la agitación, aunque se disimula, y como este mal puede ser muy grave, se pone en acción la fábrica de bombas, y apenas se forman, cuando se disparan en todas direcciones. Prontamente hay cartas que digan que ha sido tal el regocijo con que se ha recibido en casi toda la América la caída del sistema constitucional y el restablecimiento del poder absoluto, que debe esperarse que muy pronto estarán todas las provincias pacificadas (esto es, subyugadas mil veces más que antes), sin más que ofrecer el perdón por un acto de clemencia de S. M. a los que han dado en la majadería de ser libres, y de no querer aguantar su gobierno injusto y disparatado. Otras veces la cosa va más seria: viene por ahí una expedición formidable, de rusos, franceses, españoles, italianos y de todo bicho viviente, cuya sola vista aterrará a los pícaros insurgentes y toda la América quedará bien compuesta, es decir: bien esclavizada, no ya por los españoles, que en tal caso serían bien insignificantes, sino por los extranjeros. Como esta noticia era muy gorda, se rebajó un poco, y ya se redujo a una expedición de españoles; pero se vio prontamente que en este supuesto debía de ser muy corta y para darle algún valor se tuvo la feliz ocurrencia de suponer que venía con ella el infante don Francisco de Paula. Alguno podría sospechar que el tal infante tendría el buen despacho de Iturbide, si cogía de mal humor a los mexicanos como hace tiempo que están; pero no, aquel pueblo respeta mucho cuanto tiene de relación con su rey; siempre ha deseado (cuando no podía otra cosa) la venida de un príncipe de la Casa, y apenas le verán, cuando todos, todos, saltarán de contento.

Bolívar en el Perú está casi derrotado y buscando donde refugiarse. Canterac y La Serna tienen un ejército formidable y gozan de una popularidad inmensa; al paso que los independientes son el objeto de la execración de aquellos pacíficos habitantes. Todo, todo está en favor de la España y mucho más desde que ha llegado a aquellas dilatadas regiones la plausible noticia de que su amo está en perfecta libertad, después de su horrible cautiverio, y debe esperarse que en breve desaparezca el ejército colombiano, se dispersen sus partidarios y goce el pueblo de la suspirada tranquilidad. Vienen cartas y papeles públicos de todas partes anunciando lo contrario, y presentando la verdadera opinión de los pueblos de América; pero no importa: en La Habana se sabe que todo es falso, y aunque viesen entrar a La Serna y Canterac como a Morillo y Morales, dirían que estaban victoriosos en el Perú. ¡Qué ceguedad! ¿Y creerán los que difunden y sostienen tales patrañas que trabajan en favor de la isla de Cuba? ¿No conocen que la ficción de un bien es el mayor de los males? ¿No advierten que la idea de una seguridad infundada es el principio de la ruina de un pueblo? Pero ¡Ah! No es el pueblo el objeto de los que propagan estas ideas; son sus utilidades personales las que quieren prolongar cuanto les sea posible; es un amo a quien pretenden complacer para conseguir sus favores.

Todo lo que no es depender de España, es arruinarse; y unidos a la Madre Patria aun la misma ruina es prosperidad. Ven llegar el momento en que las cosas deben variarse y que lo más prudente sería preparar al pueblo para un cambio político inevitable; pero éste es un crimen, y la virtud consiste en engañar o fingir que se engaña a aquellos habitantes, conducirlos por pasos a su desgracia, exasperar los ánimos hasta el último grado y proporcionar que corran los arroyos de sangre con que hace tiempo que están aterrizando a los irreflexivos. Empiecen por demostrar que continuando las cosas en el estado actual no llegará el caso de tales desastres; y yo soy el primero que abogo por la llamada tranquilidad de la Isla, pero etiopem accipis dealbandum.

Lo más particular es el delirio en que están casi todos en aquella Isla sobre los planes de los refugiados en estos países. No hay carta de La Habana en que no se diga algo sobre esto; unos toman el tono de lamentación, otros el de consejo, alguno el de burla, y casi todos el de credulidad. Tienen manifiesto el enemigo, cuyos planes son palpables, pues todo se reduce a invadir la Isla y tomarla de grado o por fuerza contando con la predisposición evidente de la mayor parte de sus habitantes; sin embargo, en los Estados Unidos es donde se forman todos los planes, como si se necesitasen muchos para el caso, y se comunican todas las noticias, como si éstas no se tuviesen en la misma boca del Morro. Se suministran los medios (a tanto delirio se llega en algunas cartas) para arruinar la Isla. Pero ¿quién los suministra? ¿Cuatro miserables refugiados? Esto no merece respuesta. ¿El gobierno de estos Estados? Si hubiese llegado ese caso, ya estaría concluida la empresa.

Es inútil que el gobierno español, o mejor dicho el de la isla de Cuba, sostenga aquí sus espías a quienes o paga o agradece sin otra ventaja que la de saber lo que nadie ignora, y es que los que han salido huyendo de la Isla no tienen motivos para estar contentos y que se alegrarían que llegase el feliz instante de volver a sus casas. ¡Pero figurarse otra cosa! Vaya que es tener mucho miedo.

Las armas de la calumnia, que tanto se han manejado contra los patriotas en todas épocas y países, y que en la isla de Cuba han sido la principal defensa de los que no han podido encontrarla en la razón y la justicia; estas armas que envilecen al que las usa y honran al que recibe sus golpes; estas armas tan propias de la causa del despotismo como de sus defensores; estas débiles armas se hallan muy embotadas, y son poco temibles sus tajos.

Por mi parte yo no tendré la debilidad de temerlas, y jamás impedirán que yo proceda según creo que conviene a la felicidad de mi patria. No es tiempo, no, de entretenernos en acusaciones particulares ni en lamentos inútiles. Lo es solo de operar con energía para ser libres.

Amor de los americanos a la independencia

(Publicado en el periódico *El Habanero*)

Por un error funesto o por una malicia execrable suele suponerse que el amor a la independencia en los americanos proviene de su odio a los europeos, y no que este odio se excita por el mismo amor a la independencia y por los esfuerzos que suelen hacer los europeos para que no se consiga. Los americanos tienen por enemigos a los anti independientes, sean de la parte del mundo que fueren, y aprecian a todos los que propenden a su libertad aunque fuesen hijos del mismo Hernán Cortés. ¿Qué influye el origen de los hombres, ni qué tenemos que recordar ahora la conducta de unos seres que envueltos en los siglos, ya solo existen en las páginas de la historia?

La conducta actual de muchos de los europeos es la verdadera causa del odio lamentable que se ha excitado entre los de uno y otro hemisferio. Fijen su suerte con la del país donde habitan y que acaso los ha hecho felices, no trabajen por verlo subyugado a un pueblo lejano de quien solo puede recibir mandarines y órdenes de pago o de remisión de caudales, observen una conducta franca, y todo está concluido, porque el odio no es a las personas sino a la causa que sostienen.

Los americanos nacen con el amor a la independencia. He aquí una verdad evidente. Aun los que por intereses personales se envilecen con una baja adulación al poder, en un momento de descuido abren el pecho y se lee: INDEPENDENCIA. ¿Y a qué hombre no le inspira la naturaleza este sentimiento? ¿Quién desea ver a su país dominado y sirviendo solo para las utilidades de otro pueblo? A nadie se oculta todo lo que puede ser la América, y lo poco que sería mientras la dominase una potencia europea, y principalmente la España. Los intereses se contrarían, y es un imposible que un gobierno europeo promueva el engrandecimiento de estos países cuando éste sería el medio de que sacudiesen el yugo. La ilustración en ellos inspirará siempre temores a su amo, y aun el progreso de su riqueza si bien le halaga por estar a su disposición, no deja de inquietarle por lo que puede perder.

Unas regiones inmensas, ricas, ilustradas, y fuertes por sola su situación geográfica, dependientes de un país europeo que en su comparación es un palmo de tierra, pobre, ignorante, al contacto de naciones fuertes, sin el dominio de los mares ni esperanza de tenerlo; esta dependencia, digo, sería un fenómeno político el más extraordinario, y que sin duda no debía esperarse. En consecuencia se han puesto, y se han debido poner según la política europea, aunque no según la razón, justicia y humanidad, todos los medios para que los países de América no sean más que lo que conviene a su amo que sean; que la ilustración no vaya sino hasta donde baste para sacar a los pueblos del estado de salvajes, en el cual no serían útiles, ni halagarían el orgullo de sus dominadores, pero no hasta un grado en que conozcan todo lo que valen, pues en tal caso se harían valer. Para conseguir este intento inhumano, se les ha procurado separar del contacto de las naciones extranjeras, bajo pretextos ridículos por mal forjados. Mas la ilustración, que siempre empieza por una pequeña llama, y concluye por un incendio que arrasa el soberbio edificio de la tiranía, ha conducido ya a los pueblos de América a un estado en que seguramente no quisieron verlo sus opresores. Tienen mucho que aprender, pero saben lo bastante para conocer lo que pueden prometerse a sí mismos y lo que puede prometerles un amo.

Queriendo ocultar su crueldad con el viso de conmiseración, han ocurrido siempre, y ocurren muchos (aun de los que quieren pasar por corifeos de libertad) al degradante efugio de sacar partido de los mismos vicios del gobierno español en América y fingen con hipocresía que se compadecen de la suerte que le cabrá, si se abandona a sí misma. Ellos pretenden protegerla, pero dominándola; enriquecerla, pero chupándola cuanto produzca; ilustrarla, pero privándola de todos los medios del saber. No está, dicen, en estado de ser libre. ¡Ah! ni lo estaría, crueles, mientras fuese vuestra; ella lo es, y esto creo que basta para que creáis que puede serlo; dejad de agitarla, y la veréis tranquila. Vuestras maquinaciones y ataques, si bastan para tenerla en vigilancia, nada disminuyen su decisión ni pueden impedir su gloriosa empresa. ¡Ah! deponed esa cruel piedad que os separa del rango de hombres libres a que queréis pertenecer y al que yo confieso que pertenecéis por otros títulos.

Un gobierno a millares de leguas, sin conocimiento alguno de estos países y sin amor a ellos, sino en cuanto le utilizan, rodeado de un enjambre de pretendientes, que solo aspiran a conseguir un permiso para robar y oprimir, permiso que consiguen sin más que el favor de una cortesana o el soborno de un palaciego; un gobierno débil para la defensa, y solo fuerte para la opresión de estos países que mira solo como una hacienda donde trabajan sus esclavos para proporcionar los medios de sostener sus hijos, que son los peninsulares; un gobierno que premia la sumisión con la injusticia y hace de la generosidad un título de envilecimiento; un gobierno que por ignorancia o por una política maquiavélica, lejos de promover la industria en estos países, propenden a que haya en ellos un ocio inevitable, contentándose con que algunos trabajen para sacar plata con qué sostener un diluvio de holgazanes peninsulares con el título de empleados;[1] este gobierno, digo, ¿cómo no ha de ser detestado por todo el que no se olvide que es americano? ¿No lo detestan los mismos peninsulares? ¿No lo abominan los españoles residentes en América? ¿Cuál de ellos habla siquiera una vez de gobiernos, sin hacer mil increpaciones contra el español? ¿Cómo quieren, pues, que los americanos se avengan a vivir bajo un gobierno que ellos mismos abominan y pintan del modo más ridículo?

Es preciso que los hombres no tratemos de engañarnos mutuamente, cuando el engaño es imposible y su pretensión es peligrosa. No son, no, tan brutos los americanos que crean que les hace un beneficio la mano que les da de palos; los europeos residentes en América pueden resignarse a aguantarlos por el amor que conservan a su país, en cuyo obsequio creen que deben sacrificarse; pero los americanos nada tienen que les interese en España, y para el caso les es tan indiferente Madrid como Constantinopla. Si fuera posible cambiar las cosas, esto es, hacer de la América la metrópoli, y de España una colonia, es indudable que tendrían los peninsulares los mismos sentimientos que ahora tienen los americanos y que serían los primeros insurgentes, expresión que solo significa: hombre amante de su patria y enemigo de sus opresores. Metan la mano en su pecho, como suele decirse, y hablen después los europeos.

---

1 Por esta razón han opinado algunos que la España ha perdido con la adquisición de las Américas. Yo no admitiré esta opinión, ni creo que la admita la generalidad de los españoles, pero ella prueba hasta qué punto se ha abusado de la plata americana cuyo valor ha desaparecido para unos y otros.

¿Quién podrá, pues, dudar de que la opinión general de los americanos está por su independencia? ¿En qué puede fundarse la descabellada, o más bien ridícula suposición, de que solo un corto número como dicen de criollos está por la independencia, y que el pueblo americano quiere ser esclavo? ¡Ah! Se funda en que como he dicho anteriormente, los ilustrados peninsulares creen, o fingen creer, que los americanos se hallan en el estado de salvajes; se fundan, sí, en una ignorancia que suponen, porque han puesto todos los medios para que exista, pero que por desgracia de ellos y fortuna nuestra ha desaparecido de la parte del pueblo influyente y va desapareciendo de la gran masa, condenada por sus opresores a vivir siempre esclava y conducida por sus hermanos a vivir libre y feliz. La decisión universal y constante de los pueblos de América es una prueba auténtica de su voluntad de separarse del gobierno español, y la sangre derramada en mil batallas o en patíbulos que solo deshonran a los déspotas que los erigieron, ha encendido cada vez más el fuego del amor patrio, y el odio a la tiranía. Desgraciadamente han tenido sus desavenencias sobre el modo de ser libres, o mejor dicho sobre las personas a quienes se podía encargar el sagrado depósito de la libertad; pero en medio de estos disturbios, ¿se ha notado un solo momento en que los americanos quisiesen volver al yugo de España? A pesar de haber ganado el gobierno español (como es fácil en todos los países) algún corto número de personas, y de suponer que tenía un gran partido, para ver si de este modo podía formárselo; ¿qué ha logrado? Dar una prueba la más evidente de que ha gobernado, y pretende gobernar, contra la voluntad de los pueblos. Y el gobernar un pueblo contra su voluntad, ¿qué otro nombre tiene que el de tiranía? ¿y la mitad del Nuevo Mundo, deberá sufrir la tiranía de una manchita europea? Las hojas del proceso criminal de España están tendidas por las inmensas regiones de este hemisferio, y tienen por juez al género humano. Ved, dicen los americanos al resto de los hombres, ved cuál existen en los más hermosos países del globo después de una dominación de más de trescientos años; ved la opulencia de nuestros vecinos obtenida con menores medios y en menor tiempo, por la influencia de un gobierno libre; ved la obstinación de España en su errónea y cruel conducta, y no preguntéis su crimen, ni los motivos de nuestra separación.

El americano oye constantemente la imperiosa voz de la naturaleza que le dice: yo te he puesto en un suelo que te hostiga con sus riquezas y te asalta con sus frutos; un inmenso océano te separa de esa Europa, donde la tiranía ultrajándome, holla mis dones y aflige a los pueblos; no la temas: sus esfuerzos son impotentes; recupera la libertad de que tú mismo te has despojado por una sumisión hija más de la timidez que de la necesidad; vive libre e independiente; y prepara un asilo a los libres de todos los países; ellos son tus hermanos. Sí, no hay que dudarlo, ésta es la voz de la naturaleza, porque es la de la razón y la justicia. Hombres generosos que preferís la libertad de los pueblos al bárbaro placer de dominarlos, abandonad esa mísera y horrenda mansión del despotismo donde sus satélites como tigres os devoran; dejad un suelo donde la virtud es un crimen y el talento una desgracia; venid, sí, venid cuanto antes a reuniros a vuestros hermanos de América; ellos solo están armados contra sus opresores, que son los vuestros.

Pero ¡cuánta es la temeridad de los que conociendo esta opinión americana y sus sólidos fundamentos, aun se atreven, no como quiera a contrariarla, sino a hacer inútiles esfuerzos para que continúe la desgracia de estos países! ¿No es su imprudencia la causa de sus males? ¿Podían esperar otra cosa? ¿Qué harían ellos con los americanos, si fuesen a su país a ayudar a esclavizarlos? Se ponderan las desgracias que han sufrido los europeos en las revoluciones de América, pero se ha callado siempre con estudio su verdadera causa. No se ha dicho que han producido tales desastres los mismos que los lamentan y que la táctica del gobierno español, aunque bien torpe en todo, no ha dejado de tener alguna delicadeza en poner en movimiento el resorte de la desconfianza entre naturales y europeos, para que éstos cometan toda clase de imprudencia y aquéllos se entreguen a toda clase de venganza, que es el modo más seguro de detener una revolución, cuando no de impedirla, y el sacrificio de los hombres nada importa a la política si consigue su intento.

La prueba más clara de que el odio de los americanos no es a los europeos, sino a su conducta, es que Buenos Aires, de donde fueron echados casi todos al principio de la revolución, en el día es para ellos, no como quiera un asilo, sino una verdadera patria. Se desengañaron acerca del carácter e intenciones de los americanos; conocieron el lazo que les había tendido el mismo gobierno español; mudaron de conducta y viven como hermanos. Es cierto que en Colombia se ha visto el Congreso obligado a prohibir la entrada a los españoles, mas esta providencia ha sido arrancada por la temeridad con que algunos aun se atrevían a inquietar el país, y acaso más bien ha sido una medida prudente, para no tener que perseguir, que una real persecución. Al gobierno español ya no le quedan otras armas que las de la intriga, y es constante que las ha puesto en acción en Colombia más que en ningún otro de los países independientes. La fuerza vale allí poco, porque sobra con qué repelerla, y solo queda la intriga.

La revolución de México ha sido mucho más afortunada, porque ha sido la última, y es claro que según se avanza el tiempo, se disminuye en desgracia, porque se convencen los que las causan de la inutilidad de tales sacrificios. Muchos europeos hicieron al principio sus escaramuzas, más por rutina que por convicción, pero al fin ellos mismos protegen el actual gobierno (a excepción de algunos ilusos) y gozan de aprecio en el país y se glorian de contribuir a su felicidad.

Convengamos, pues, en que el amor a la independencia es inextinguible en los americanos; que no procede de su odio a los europeos, sino que este odio es el resultado de una oposición al bien que se desea; que las desgracias son totalmente voluntarias en los que las sufren, que ellas serían nulas cuando lo fuese el temerario empeño de arrostrar contra la opinión general justa y comprobada; que las intrigas del gobierno español están bien conocidas, y que se aproxima el tiempo en que los europeos residentes en América conozcan que los americanos no son, como creen, sus enemigos, sino sus hermanos, y que aun los mismos ilusos que tienen la ingratitud de trabajar por la esclavitud del país que los ha enriquecido, se convencerán de que el odio que se les tiene, no es a sus personas, sino a su conducta.

Carta a un amigo respondiendo a algunas dudas ideológicas

(Publicado en el periódico *El Habanero*)

Las dudas que usted me propone sobre la conveniencia de las doctrinas ideológicas establecidas en la primera de mis Lecciones de filosofía, con la proposición la idea que no puede definirse es la más exacta, que se halla en mis Apuntes filosóficos, y cuyos fundamentos expuse en la Miscelánea, creo que pueden resolverse con una mera ampliación de las mismas doctrinas. Para esto convendrá recordar ligeramente las bases de otra proposición, y ver si concuerdan o no con lo que posteriormente he escrito.

Una idea no puede definirse, cuando su objeto es tan simple que no encontramos otros en qué resolverlo y por consiguiente no hay términos para definirlo; o cuando siendo implicado, conocemos tantas propiedades de él, que no podemos reducirlo al corto círculo de una definición. En el primer caso, la idea no puede ser más clara ni más exacta, puesto que representa cuanto tiene el objeto, o por lo menos cuanto percibimos; en el segundo, tampoco puede aproximarse más la exactitud, pues la dificultad de definir proviene de la abundancia de conocimientos, y mientras más se aumente éste, que es decir mientras más conforme es la idea con el objeto, más crece aquélla.

Resulta, pues, que la imposibilidad de la definición supone o la totalidad o la mayor extensión de conocimiento, y por consiguiente, la idea, etc.

Mas esta misma doctrina cree usted que no está muy conforme con la expuesta en mi primera lección. Esto es, que no existen ideas sino términos generales. Porque en tal caso, dice usted, aquellas abstracciones en que se llega a una extrema sencillez, como por ejemplo el ser, no son ideas sino términos generales. De donde sacamos en claro que no se da el caso de un objeto muy simple, pues todos son unos grupos de propiedades, y las ideas que los representan han de ser compuestas. Luego, hablando con exactitud, debía decirse: yo no puedo definir el término general ser, y no la idea.

Efectivamente, dice usted muy bien. Todas las ideas que tenemos de los objetos de la naturaleza, son compuestas, pues no hay uno que no lo sea y la idea no es más que su imagen. Esta es la doctrina expuesta en la primera de mis Lecciones, mas de ella no se infiere que no tengamos idea del ser y de todas las propiedades en abstracto perteneciendo a ellas un objeto real. Quiero decir: una parte real de un objeto existente. Jamás está el ser despojado de propiedades, y jamás se halla una propiedad aislada, pero sin embargo, su conocimiento, aunque no es la imagen completa de un individuo de la naturaleza, no puede decirse que no tiene objeto. Término sin objeto sería término sin significación, lo cual es un absurdo; pero de aquí no se infiere que siendo el término general, también debe serlo su objeto, como parece a primera vista, y como dedujeron muchos antiguos.

Para convencernos, basta reflexionar que cuando nuestra mente atiende al ser o a una propiedad sola, siempre se contrae a un individuo, y por más esfuerzos que haga, no puede figurarse un ser general idéntico, en la piedra, el árbol, el hombre, etc., ni un verde o una redondez general, sino siempre contraídas estas cosas a un individuo que se ve o se finge; y así el término que llamamos general no tiene en la naturaleza un objeto general. ¿Cómo, pues, le conviene la denominación? Porque se aplica a muchos donde no se encuentra un mismo ser, pero sí uno semejante, y entonces la universalidad es una propiedad del término que solo expresa su aplicación universal, pero no su objeto universal, porque no hay ninguno de esta clase ni puede fingirse.

Se da, pues, el caso de un objeto simple, aunque éste no exista aislado en la naturaleza, y sea preciso encontrarle siempre formando parte de un conjunto en cuyo sentido puede decirse que no es un objeto de la naturaleza, así como una piedra no es una casa de una ciudad, ni el que tuviera conocimiento de las piedras separadamente lo tendría de las casas, mas no por eso dejan de estar en las casas, ni de ser unos verdaderos objetos. Yo supongo que usted no se figurará que yo pretendo que las propiedades sean cosas separables de los objetos, y que el símil que he puesto (como todos los símiles) no debe entenderse sino en cuanto puede aclarar la materia, conservando la idea de la naturaleza de cada cosa.

Luego que se convenga en la aplicación de la palabra idea creo que se resuelve toda la duda. Idea es imagen, y si lo es de un individuo de la naturaleza, todas nuestras ideas son compuestas; pero si esta palabra quiere aplicarse, como no puede menos de hacerse, a todo lo que tiene una realidad, aunque no forme por sí solo un objeto de la naturaleza, tendremos ideas simples. Para nosotros tiene realidad todo lo que nos produce una sensación real, prescindiendo de lo que verdaderamente fuere en la naturaleza; y la diversidad de sensaciones nos sugiere la idea de diversidad de operaciones reales, provengan o no de un mismo principio. Creo, pues, que convendremos en que se da el caso de un objeto simple, cuya idea será igualmente simple, y no podrá definirse, siendo la más exacta por esta misma razón, y que nuestras abstracciones no suponen la nulidad de objeto sino la ficción del modo de existir.

Pero en la suposición de un objeto compuesto, dice usted que también ofrece alguna duda la proposición que nos ocupa. ¿Cuántas veces sucederá que el tener un objeto muchas propiedades, facilite su definición? Si el imán no tuviese la propiedad de dirigirse a los polos, que quiere decir, si fuera menos compuesto, yo no podría definirlo. Convengo, amigo mío, pero de ahí solo puedo inferir que para la definición de un objeto compuesto no basta conocer las propiedades en que conviene con todos si no se encuentra alguna en que se distinga, mas no que la multitud de propiedades conocidas, que quiere decir la mayor exactitud de una idea, no sea un obstáculo para la definición, cuando se quiere que ésta vaya como debe ir a la par de nuestros conocimientos. Si además de esa propiedad del imán conociésemos en él un centenar de ellas, que en todas se distinguiese absolutamente de los demás cuerpos, ¿cómo las reuniríamos todas en una definición sin que ésta se convirtiese en un tratado? Si aun conociendo esta sola propiedad diferente, conociésemos tal número de las esenciales y comunes que su enumeración fuese dilatada, ¿cómo se definiría el objeto cuando ni aun la memoria pudiese conservar sus propiedades? No basta para definir bien un objeto decir en qué se diferencia de los demás, sino qué es en sí mismo. Yo creo, pues, que en algunos casos la composición de un objeto nos facilita el definirlo, pero que en estos mismos casos y en todos los demás llegaría a ser imposible la definición, cuando llegase a ser muy exacto nuestro conocimiento. Cada objeto de la naturaleza es un mar inagotable de donde sacamos pequeñas porciones que al principio contenemos en estrechos recipientes, pero que al fin nos inundan y obligan a abandonar la empresa. Definimos mientras sabemos poco; se aumenta la ciencia, y desaparece la definición. Estas se repiten como un recurso para dar alguna seña del objeto, pero está algo atrasado el que crea que ha explicado su naturaleza.

Es cuanto puedo contestar a usted en orden a las dudas que se sirve proponerme. Es de usted etc.

Paralelo entre la revolución que puede formarse en la isla de cuba por sus mismos habitantes, y la que se formará por la invasión de tropas extranjeras

(Publicado en el periódico *El Habanero*)

Desgraciadamente, aun entre los mismos que desean la independencia de la isla de Cuba, se ha esparcido hasta cierto punto la infundada opinión de que solo puede efectuarse, o que por lo menos se efectuará con menores males, esperando la invasión de tropas extranjeras. Persuadido de la inexactitud evidente de este modo de pensar, no quise detenerme mucho en refutarlo, contentándome con insinuar en el número anterior que la pérdida de capitales y la efusión de sangre debe ser mucho mayor en el caso de una invasión que en el de un movimiento propio de aquel pueblo, por más que quieran exagerarse sus horrores; pero como no hay error que no tenga sus defensores, y mucho más en materias políticas, no carece de ellos el que acabo de referir. Yo no hablaré de los que sostienen estas ideas como un medio de demorar lo que ellos de ningún modo quieren que suceda, y que abrigando la infundada esperanza de que al fin no habrá nada, solo pretenden entretener por ahora los ánimos y mantener a toda costa esa tranquilidad funesta, que no puede tener otro término que la desolación. No hablaré, no, a los que solo desean dar tiempo a una protección que en su delirio se han figurado que puede dar España, y que quisieran ver realizada, aunque fuese arruinando el país; hablaré solo a los que de buena fe quieren esperar de los extranjeros lo que solo deben esperar de sí mismos. Yo formaré un paralelo de ambas revoluciones y sus consecuencias, para contribuir por mi parte en cuanto pueda a disipar un error que en mi concepto es funestísimo.

Revolución interviniendo una fuerza extranjera

Los enormes gastos y lo que es más, el sacrificio de hombres que necesariamente ha de hacer la nación invasora, necesitan una recompensa, y una recompensa que la necesidad y la gratitud llevarán mucho más allá de los límites de la obligación. El paso de un ejército extranjero por el territorio es una red barredera de su riqueza, por más generosidad que quieran usar los invasores y por más empeño que pongan sus jefes en evitar estos males, pues son absolutamente necesarios. Desde el momento en que se verifique la invasión, empezarán a emigrar capitalistas, llevándose cuanto puedan, y quemando por decirlo así cuanto les quede, porque lo creerán perdido. Tenemos, pues, que el primer paso de la revolución es una enorme pérdida de capitales y de habitantes, y el reconocimiento de una deuda cuantiosísima, que por más esfuerzos que se hiciesen, no podría pagarse sino en muchos años.

La permanencia del ejército extranjero deberá ser costeada enteramente por el país, como asimismo la de los buques que se pongan en su protección, y por muy bajos que se quieran hacer los cálculos, es fácil percibir que estos gastos en que nada se economizará, deben de ser enormes. Pero ¿qué tiempo será el de esta permanencia? He aquí un asunto en que es menester hablar con franqueza, y que yo consideraré bajo su aspecto político, habiéndole considerado hasta ahora solo en su parte económica.

Dije en el número anterior que en caso de verificarse la invasión, lo que conviene es unirse a los invasores, mudar el orden de cosas y despedir los huéspedes con las indemnizaciones que fueren justas, y con las pruebas de la más sincera gratitud. Efectivamente, esto es lo que conviene y a lo que deben dirigirse los esfuerzos de todo el que ame aquel país; mas es preciso confesar que la permanencia de las tropas colombianas debe ser algo más dilatada de lo que se desea. Una revolución formada por auxilio de extranjeros aunque sean hermanos, no tiene todo el carácter de espontaneidad que es necesario para inspirar confianza, pues aunque nadie ignora que en la isla de Cuba hay el mismo amor a la independencia que en el resto de la América, siempre será un motivo, o por lo menos un pretexto, para dudar de su permanencia, la misma necesidad que se afectará que ha habido de una fuerza extranjera. No hay que dudar que el gobierno español sacará partido de esta circunstancia. Una multitud de perversos repetirán incesantemente que la revolución es el resultado de la necesidad, y que hay un gran partido contra ella a favor de España, una multitud de irreflexivos llegará a persuadírselo, y otros, sin estar persuadidos, pero temiendo que muchos lo estén, abogarán por la pretendida necesidad de tropas auxiliares en la isla de Cuba. Estas tropas en consecuencia serán necesarias, no por la naturaleza de las cosas, sino por la ignorancia de los hombres. La perversidad sacará de este principio todas las ventajas que se propone; se tendrá como un medio de volver a unir a España la isla de Cuba al suponer constante su deseo de esta unión, al ver que dura la que llamará ocupación extranjera. Se harán paralelos odiosos entre la de los franceses en la península, y la de los colombianos en la Isla, se procurará presentar a éstos bajo el carácter más odioso, y en una palabra las intrigas políticas suplirán la fuerza y la razón de que carece España. Si por desgracia de mi patria, estas armas son manejadas con suceso por sus enemigos, quédeme por lo menos el consuelo de no haber hecho el ridículo papel de engañado y de coadyuvar a que no lo estén algunos incautos. Sí, no hay que dudarlo: no es otra la razón que tienen muchos para afectar la necesidad de los colombianos para hacer la revolución, aunque quisieran ver sumergida a Colombia y a todo país independiente; estos mal intencionados ven algo lejos, y preparan desde ahora el segundo golpe que ellos creen decisivo.

Resulta, pues, que la permanencia de las tropas colombianas será inevitablemente prolongada por un conjunto de circunstancias políticas, que sin ocultarse a nadie, obligarán a todos a lo que acaso están muy distantes de pensar. Por otra parte, los colombianos no podrán dejar expuesto a una pérdida el fruto de sus sacrificios, y mientras no tengan una garantía de que no volverá a flamear el pabellón español en la isla de Cuba, permanecerán en ella para proteger al partido independiente, cuando se suponga que no lo es la generalidad de la población. Nada es más justo, pero nada será más favorable a las miras de los enemigos de la patria.

El pueblo de la isla de Cuba, en caso de ser independiente, debe constituirse. ¿Y lo hará mientras pise el territorio un corto número de soldados a quienes se le dará el nombre de ejército extranjero? La Constitución se dirá que es hija de la fuerza, que está formada bajo el influjo extranjero. Perderá todo el prestigio que debe tener una Ley Fundamental, y mucho más deberá perderlo si por desgracia se resiente algo del contacto de una nación que si en general conviene en intereses con la isla de Cuba, tiene otros muy diferentes y marcados en que no podemos convenir. ¿Se esperará la salida de las tropas colombianas? Yo aseguro que los enemigos de la Isla y de Colombia pondrán en acción todos los resortes para que no se pueda verificar dicha salida, pues de este modo dilata el pueblo su Constitución, se halla sin bases, se le agita en todas direcciones, se hace preciso un gobierno militar, éste produce el descontento, se pondera entonces la tranquilidad perdida, y yo no quiero pensar lo que pueda suceder.

Quiera Dios que todos mis compatriotas vean este asunto como es en sí, y no como querrán presentarlo algunos mal intencionados. No hay que andar con rodeos. La verdad clara y sencilla es que los colombianos, si invaden la Isla, no es para conquistarla, sino para dar un auxilio a la generalidad de sus habitantes que quieren la independencia, auxilio innecesario, pero que al fin se ha dado en la obstinación de creerlo indispensable. Colombia desearía la agregación de la isla de Cuba por razones evidentes que sería inútil exponer; mas sin duda debe estar muy distante de pretender conseguirlo por la fuerza, pues ni tiene la necesaria para el caso ni puede ignorar que la isla de Cuba aun cuando en sí no tuviera todos los medios necesarios para frustrar cualquiera tentativa de opresión, tendría auxilios muy respetables.

No hay que alucinarse. Yo soy el primero que estoy contra la unión de la Isla a ningún gobierno, y desearía verla tan Isla en política como lo es en la naturaleza pero no puedo persuadirme de que si llegase a efectuarse la unión a Colombia, no fuese por la voluntad del pueblo, sino por una conquista. En América no hay conquistadores, y si algún pueblo intentase serlo, deberá esperar la reacción de todo el Continente, pues todo él verá atacado el principio americano, esto es: que la libre voluntad de los pueblos es el único origen y derecho de los gobiernos, en contraposición al lamentable principio de la legitimidad europea. No hay que temer. El temor es ridículo, y puede servir de arma a los enemigos de la libertad. Lo que conviene es conocer sus intrigas, unirse todos, conservar la tranquilidad, la verdadera tranquilidad, y no la de las mazmorras, y acelerar el momento en que no siendo necesarias las tropas extranjeras, que a mi juicio nunca lo han sido, se las despida, y se trate de pagar lo más pronto que fuera posible.

Revolución formada sin auxilio extranjero

Esta empresa, por no deber nada a nadie ni política ni económicamente, tiene todo el prestigio de la espontaneidad. Se halla libre de todo influjo extranjero. Puede dirigirse enteramente conforme a los intereses del país, y por personas que tengan identificada su suerte con la de la Isla; presenta a las naciones un cuadro más noble e interesante, y granjea mucho mayor crédito mercantil; evita mucho más la extracción de capitales, pues si en un primer momento hay algunos capitalistas tímidos que emigren, muy pronto renacerá en ellos la confianza, y volverán a vivir tranquilos donde han vivido tanto tiempo y con tanto aprecio. Faltarán, o a lo menos se disminuirán los pretextos para esparcir la desconfianza y alarma; será más fácil la convicción de los que no miran a los independientes sino como unos ladrones y asesinos; se aumentará la población considerablemente por la emigración europea, que acaso tengo yo más datos que la generalidad de mis paisanos para saber que será cuantiosa, y no de hambrientos como creen algunos necios, sino de personas que pueden traer mucha utilidad al país. Los mismos desórdenes que es indispensable que haya, serán contenidos y remediados con mucha más facilidad y empeño, cuando la revolución sea hecha enteramente por personas a quienes perjudiquen dichos desórdenes aun más que a los individuos contra quienes se dirijan. En una palabra: todas las ventajas económicas y políticas están en favor de la revolución hecha exclusivamente por los de casa, y hacen que deba preferirse a la que pueda practicarse por el auxilio extranjero.

Política francesa con relación a América

(Publicado en el periódico *El Habanero*)

A los que como yo hayan observado de cerca la conducta de la Santa Alianza por medio de su nación ejecutora, que es la Francia, no podrá coger de nuevo todo cuanto se diga sobre intrigas y proyectos liberticidas, ni podrán dudar un momento que los gabinetes europeos trabajan cuanto pueden, sin reparar en la naturaleza de los medios, para que el Nuevo Mundo sea esclavo del antiguo; mas sin embargo, como hay muchas personas que aun no se han formado la idea que deben de la infernal política de esos santos, me parece conveniente insertar la instrucción dada por el gabinete francés al personaje que destinaba para la revolución de América, y ponerla algunas notas para llamar la atención de los americanos. Dicha instrucción, habida como se consiguen todas estas cosas, cuando se sabe intrigar, (que también los americanos entienden un poquito) y no se ahorran pesetas, se imprimió en el Morning Chronicle de Londres, y ha sido traducida y reimpresa en El Colombiano de 24 de noviembre del año pasado.

Instrucciones secretas dadas por el duque de Rauzan al coronel Galabert en parís

Conforme a la exposición que usted ha dado a sus Excelencias el conde Villele y visconde Chateaubriand, se ha resuelto confiar a usted la dirección de este delicado negocio, de cuyos pormenores se halla usted tan bien instruido, como igualmente de su conjunto. La favorable acogida que usted ha tenido de parte de S. M. Fernando VII, y la confianza que se ha dignado depositar en usted son nuevos motivos que nos determinan a poner en sus manos los intereses de Francia y España.[2] Usted debe marchar inmediatamente a Madrid a obtener definitivamente en la fuente las noticias que necesita,[3] a recibir las últimas instrucciones del gabinete español, de que deberá enviarnos copia, y preparar con la brevedad posible su viaje a América. Los conocimientos que tiene usted del país, deben proporcionarle al llegar a México la mayor facilidad de formar conexiones con las personas que más extensamente se la señalarán en Madrid,[4] y que siempre han continuado en conservar relaciones políticas con la madre patria. Ya no se halla usted sin conexiones, según anunció en su segundo memorial a S. E. el visconde de Chateaubriand, y de estos dos métodos unidos y combinados, es preciso que nazcan los más favorables y prontos resultados. Ahora hay pendiente otra negociación que puede remover muchos obstáculos, y llevar

---

2 Los intereses de Francia en auxiliar a Fernando VII en la reconquista de América no pueden ser otros que tomar parte de ellas en recompensa, y no puede ser otro el espíritu de esta cláusula en que se identifican los intereses de ambas naciones.

3 La dichosa fuente está bien seca, y tan seca que los papeles de Madrid donde no se pone sino lo que quiere el Gobierno, hablan de ventajas de las armas realistas sobre los constitucionales de América, lo cual además de ser falso, es contrario a los intereses del gobierno español, pues supone la existencia de un partido constitucional en América; que no se contenta con pensar libremente, y desear el cambio de cosas, sino que toma las armas para conseguirlo. Las cartas de Madrid impresas en algunos papeles franceses dicen con bastante claridad que todos los hombres de juicio están convencidos de la ignorancia del gobierno en cuanto a los negocios de América. Este informe sin duda no se pide por la Francia sino para guardar consecuencia y cubrir el expediente.

4 Adviértase que la negociación, según el período anterior, debía terminarse en Madrid, y por consiguiente no será objeto de las nuevas instrucciones que se ofrecen al coronel Galabert, sino en cuanto al modo de llevarla a efecto, que quiere decir: preparar los ánimos y formar partido en favor de un orden de cosas sobre que nadie piensa por ahora.

el asunto a una conclusión más pronta,[5] pero como aún no se ha terminado, nos reservamos hablarle a usted de esto más en detalle. Esta negociación será el objeto de unas instrucciones particulares que se le enviarán después.[6] Entre tanto, el rumbo que usted ha de seguir es el siguiente: con sujeción a las circunstancias, propagando la división entre los partidos,[7] particularmente entre los militares, que por su disposición a la obediencia pasiva y a la subordinación jerárquica se han hecho más propios para recibir un impulso independiente de su propia voluntad.[8] La especie de estado secundario en que el poder civil ha pretendido mantener el ejército después de la caída de Iturbide, es una palanca que astutamente empleada puede producir los resultados más ventajosos.[9] Esta secreta contienda entre los

---

5   Esta negociación no es más que un contrato de compra y venta, la cual si se consiguiese llevaría el asunto a una conclusión bien pronta, pero sería quedándose el vendedor y el comprador como suele decirse, mirando para el camino, porque se uniformaría más la opinión de independencia, se excitaría el odio general contra ambas partes contratantes, y por mucha que fuese la fuerza con que pudiesen contar los tiranos, llevarían una lección de lo que pueden los pueblos. ¿Que negociación puede tener Francia con España que termine pronto el negocio de América? ¿El de incendiarla con sus infernales intrigas? Eso ya está negociado, si es que puede llamarse negociación. ¿La de prestar dinero para la reconquista? Este contrato ha de tener por garantía alguna especie de hipoteca y todo bien traducido quiere decir una posesión. Aunque quisiese decirse que Francia solo aspira a ventajas mercantiles, nadie ignora que estas ventajas serían absolutamente efímeras, no estando la América ocupada por un gran ejército, y éste sin duda sería el francés, como está sucediendo en la Península.

6   Adviértase que la negociación, según el período anterior, debía terminarse en Madrid, y por consiguiente no será objeto de las nuevas instrucciones que se ofrecen al coronel Galabert, sino en cuanto al modo de llevarla a efecto, que quiere decir: preparar los ánimos y formar partido en favor de un orden de cosas sobre el que nadie piensa por ahora.

7   He aquí las armas de la infame política europea; he aquí los protectores de la humanidad, los que se conduelen de las conmociones de América, los que lamentan sus desastres; he aquí de acuerdo con la madre patria, tratando de que sus hijos se devoren, con tal de que la toquen algunos pedazos para acabar de consumirlos. ¡Bendita maternidad!

8   ¿Qué confesión tan paladina de que solo con un impulso contra su voluntad pueden los hombres servir a la tiranía? El ejército americano ha dado pruebas tan constantes de no ser capaz de recibir impulsos contra su voluntad, que sin duda perderá su trabajo, si no es que pierde algo más, el caritativo emisario.

9   El ejército que está en estado no como quiera secundario, si no es el más abyecto, es el francés, que sirve de instrumento ciego no solo a su amo, sino a todo el que lo quiere

ciudadanos y los militares, es una circunstancia sobre la cual debe usted establecer uno de los más eficaces medios de lograr un buen suceso.[10] La guerra civil que desuela a México ha irritado los habitantes españoles;[11] y las exacciones a que son inclinados los cuerpos armados pertenecientes a ambos partidos conducirán naturalmente a los habitantes a declararse en favor de aquel gobierno en que vean bastante fuerza para asegurarles el reposo y tranquilidad.[12]

La corte de España, que posee noticias ciertas sobre este país, nos comunicó al principio de nuestra negociación la certidumbre de que, a causa de la decidida parcialidad de los oficiales mexicanos por el servicio europeo, tiene de poder separar muchos de ellos con el auxilio de promesas de esta especie, que lleva intenciones de cumplir, y aún de exceder. Usted puede ponerse de acuerdo sobre este punto con el gabinete de Madrid, y formar de esta disposición de los ánimos de los mexicanos una de las bases más firmes de su misión. En cuanto a los mapas que usted ha hecho en el país, y que acompañan sus diversos memoriales, se enviarán los originales a Madrid con la mayor prontitud, luego que se saquen todas las copias. La del Golfo de México está perfecta, como igualmente la que indica los puntos militares de las Floridas.[13]

Un punto importante, sobre el cual nunca ha informado usted sino muy ligeramente, es la disposición del clero mexicano. Compuesto de órdenes diferentes y de diversas supremacías eclesiásticas, debe haber entre ellos rivalidades y disensiones, que sería muy importante saber muy bien. Sin duda, que según dice usted en su segundo memorial, «la más ciega supers-

---

mandar el ejército mexicano como todos los de América está en un estado primario y bien primario, pues cada soldado es un ciudadano y como tal tiene los mismos derechos que el presidente de la República.

10   Quiere decir: bañar en sangre aquel país, y desolarlo.

11   A quienes nuestras intrigas, han logrado poner en guerra con los que por carácter y por intereses, solo tratarían de vivir con ellos hermanablemente.

12   ¿Y será este gobierno el español, que ni en la misma Península puede sostenerse sino por las bayonetas francesas? Lo entiendo, señor Duque; la alusión es bien clara.

13   Este mapa sin duda será necesario para el caritativo objeto de mandar un regalo de bayonetas a los mexicanos; mas estos, que se precian de atentos, se preparan para corresponder al obsequio y no les faltarán auxiliadores para tan laudable objeto.

tición reina en medio de la más horrorosa licencia: el pueblo sufre todos los efectos de un yugo religioso, y el clero es bastante poderoso para formar con el una revolución», pero siempre será necesario conocer los miembros del alto clero de influjo y el aspecto con que los curas y los frailes consideran la revolución y la separación de España.[14]

En Madrid debe haber apreciables apuntamientos sobre este asunto, y no es de menos importancia para usted que ventajoso a su comisión, adquirir todos los documentos relativos al clero, igualmente que los concernientes a los oficiales del ejército mexicano. Otras instrucciones que recibirá usted de España antes de su partida, le impondrán de cuanto se ha decidido sobre aquel negocio de que solo hemos dado a usted una mera noticia.

Por dispuestos que estuviésemos a dudar de la autenticidad de tales documentos, dice el editor de *El Colombiano*, o a fomentar la esperanza

---

14   ¡Qué hipócrita e infame política! He aquí los defensores de la religión, he aquí un piadoso consejo dado a nombre del Rey cristianísimo y en favor de S. M. C! Se quiere encender las rivalidades y los odios hasta en el santuario; se quiere fomentar el fanatismo y ultrajar la religión, convirtiéndola en instrumento de la política. Se dice que la más ciega superstición reina en medio de la más horrorosa licencia, y sobre estas bases, sí, sobre éstas, porque no puede tener otras, se pretende reedificar el ominoso edificio de la tiranía. No, sacrílegos, no conseguiréis vuestros perversos designios; esa superstición y esa licencia que no existen como las suponéis, pero que si de algún modo existen, se deben a vuestra inicua conducta y son resquicios de los males causados por la tiranía; esa superstición y esa licencia horrorosa, desaparecerán del todo, y muy pronto veréis presentarse en el continente americano la religión católica sin esos agregados con que la habéis hecho odiosa, y separado de su seno tantos hijos. Veréis, sí, la religión de Jesucristo sustituida a la vuestra, que es la de las pesetas; veréis la libertad cimentada en la religión, así como vuestro despotismo lo está en la ambición y la soberbia.

Esta es la misma conducta que observaron los franceses en España para derribar la Constitución. Afectaban una religiosidad extrema, cuando puede asegurarse sin temor de errar que la mayor parte de ellos tenían la misma religión que un burro, y procuraban por todos los medios encender el fanatismo. Una persona de carácter e ilustración que pudo escaparse de Sevilla y pasar a Cádiz cuando estaban en esta ciudad las Cortes, me informó que había visto a los principales jefes y oficiales franceses muy devotos y compungidos en la procesión de penitencia que hicieron los sevillanos para que Dios pusiese en libertad al Rey, que como ellos decían, lo teníamos preso los constitucionales, y lo entregase en manos de los franceses, donde permanece en perfecta libertad de hacer lo que le manden. ¡Vaya un absolutismo!

de que la actual política de la Francia es más liberal que antes, no podemos resolvernos a ello, al observar *l'Etoile*, papel ministerial de París, que lejos de negarla, la presenta con regocijo como una prueba triunfante de la firme adhesión de los ministros a la España, y en refutación del cargo de vacilación formado contra ellos por el ex ministro Chateaubriand. Si el gobierno francés ha renunciado sinceramente a los principios de la Santa Alianza sobre este punto, como podría inferirse de las protestas de sus agentes, de la presencia de nuestro ministro en París por invitación especial, y aún de las seguridades dadas últimamente al gabinete inglés; ¿por qué vemos siempre enlazados y justificados estos principios por los periódicos ministeriales de París? Sería inútil dar un colorido honesto a tales contradicciones, cuando conservamos todavía en la memoria la llegada de Mr. Chas. serían a nuestro país con estas instrucciones de su Corte en una faltriquera y las cartas amistosas del Gobernador de Martinica en la otra. Hemos publicado una de estas cartas dirigida al general Páez, en el número 60 de este periódico. Entre otros muchos cumplimientos asegura que «esta tiene por principal objeto desvanecer los rumores que se han esparcido, hace algún tiempo, por ciertos diarios extranjeros, sobre las intenciones que se suponen a Francia de prestar socorros a la España para la guerra que mantiene con los nuevos gobiernos disidentes de sus posesiones de la América del Sur», añadiendo: «Estos rumores que quizás no los alimenta sino el espíritu de malevolencia, están desnudos de toda especie de fundamento», y además «quedo persuadido repulsar las insinuaciones que aún se dirijan a poner en duda las intenciones de Francia». Este lenguaje, comunicado en tales momentos, y por tal mensajero, no necesita comentario.

Estas personas serán de las muchas que en todos tiempos han tratado de ameritarse, engañando al gobierno español, y haciéndole creer que solo un corto número de criollos quiere la independencia. Es ridícula la ceguedad que ha habido siempre en España sobre esta materia, y la imprudente confianza que se ha tenido, sin otro fundamento que esta clase de informes. Aun en la época constitucional en que el gobierno se ponía más en contacto con personas que pudiesen ilustrarle, se hallaba con la misma preocupación, y me acuerdo haberlo oído decir a uno de los muchos ministros que tuvimos (gracias al deseo de S. M. de trastornarlo todo), que con cuatro o seis batallones fieles se reconquistaba México. Yo no sé si contuve la risa o la cólera. Acaso ambas cosas. Sin duda agregó la palabra fieles, porque estaría en la persuasión (en que se hallan muchos en España, de que las tropas que vienen a América se unen como dicen ellos a los rebeldes, y no hay quien los convenza de que los pobres soldados tienen que pelear contra pueblos enteros y contra tropas disciplinadas, aguerridas y superiores en número.

Diálogo que han tenido en esta ciudad un español partidario de la independencia de la isla de Cuba y un paisano suyo antiindependiente

(Publicado en el periódico *El Habanero*)

Antiindependiente ¿Con que usted, amigo mío, está por los revolucionarios?

Independiente Estoy contra ellos, porque tengo por tales a todos los que conociendo las necesidades de un pueblo, sus peligros, los medios de evitarlos, las ventajas de la aplicación oportuna de estos medios y la voluntad general de que se apliquen cuanto antes, se obstinan sin embargo en contrariarla, buscan todos los recursos para indisponer los ánimos y radicar la opresión, y por intereses personalísimos mal entendidos sacrifican los de todo un pueblo. Esta es la verdadera revolución, o trastorno de principios, a que se pueden aplicar todos estos epítetos con que suelen regalarnos. Sí, yo estoy estrechamente unido a los naturales del país, y esta sola circunstancia bastaría para que si usted medita algo la materia, conozca que no son revolucionarios, a no ser que usted dé a esta palabra la acepción que la dan los déspotas, en cuyo idioma es revolucionario todo el que propende al bien de los pueblos y resiste a su opresión. Cuando una sociedad es bastante numerosa para constituir un cuerpo político, y las circunstancias exigen que lo constituya, tiene un derecho a hacerlo, y mucho más si la naturaleza favorece este designio por la misma situación y proporciones del país. En tales circunstancias, un pueblo entero jamás es revolucionario. Lo son sus opresores. Mas si usted llama revolucionario a todo el que trabaja por alterar un orden de cosas contrario al bien de un pueblo, yo me glorío de contarme entre esos revolucionarios, y si he rechazado la expresión, es porque sé el sentido en que se aplica.

Antiindependiente   ¿Con que usted se declara contra su patria?

Independiente   Yo solo me declaro en favor de la razón y la justicia. Si yo he de servir a mi patria de instrumento para la opresión, y aun para el exterminio de un pueblo generoso de quien he recibido innumerables obsequios y consideraciones, y que ahora justamente desea precaver su ruina, esa que usted llama mi patria deja desde el momento de serlo, pues yo no perteneceré jamás a una sociedad injusta y cruel. La ingratitud no se ha hecho para mi corazón.

Antiindependiente   Ah... la gratitud debía mover a usted en favor de su patria.

Independiente   Cuando no exija de mí un crimen como es el impedir la felicidad de un pueblo, a quien ella ha abandonado. Pero hablemos claro, pues yo hasta ahora he respondido, siguiendo la equivocación de ideas causadas por la voz patria. Si usted entiende por mi patria el pueblo en que nací, sería buen delirio creerme en obligación de trabajar por someter a él la isla de Cuba; y si usted entiende por mi patria a España, las provincias de América, que han constituido la mayor parte y la más rica de la España, han determinado tomar distintas formas de gobierno, libertarse del despótico que reina en la península, y dividirse voluntariamente, en distintas sociedades para que sean mejor gobernadas, pero bajo unos mismos principios. La España no es el territorio, son los españoles; y los españoles de América han determinado separarse de los de Europa, y yo estoy muy conforme con la separación que asegura la libertad de los pueblos. Sí, mi amigo, las repúblicas del continente americano son la España libre, que para serlo ha sacudido el yugo de un amo, y ha jurado no sufrirlo jamás. Esta es mi patria, y aun cuando no lo fuera, yo la adoptaría, renunciando la que es y será siempre la mansión del despotismo. Toda esa farándula de la maternidad de la península respecto de América, o quiere decir que estos pueblos son propiedad de aquél, en cuyo caso yo renuncio hasta al nombre de español, porque ni por un momento quiero sufrir el de tirano; o da a entender lo que suena, que de allá vinieron los conquistadores (cuya justicia o injusticia no es del caso averiguar), y después infinitos pobladores, que unidos a los naturales que ya eran también españoles, han dado origen a lo que llamamos criollos, y que por consiguiente tienen todos los derechos que sus padres. ¿Quién le ha dicho a usted que han de ser amos de este suelo los españoles que se quedaron allá, y no los que vinieron a poblarlo y cultivarlo? Los hijos de éstos tienen en realidad todos los derechos de los españoles que fingen tener los españoles europeos, y además, los únicos legítimos que son los de naturaleza en un país, propiedades radicadas en él, derechos de que solo puede despojarlos la tiranía. Los paisanos nuestros que por un fanatismo político contrarían esos derechos se hacen un daño enorme a sí mismos, pues establecen que un europeo en el mero hecho de ser un hombre activo y de exponerse a los peligros del mar para venir a buscar su fortuna uniéndose a la mayor parte de la nación y la más rica que está en este hemisferio; en este mero hecho, digo, ya es esclavo de los peninsulares. Toda su fortuna está a disposición de éstos, y deja a su familia la preciosa herencia de la esclavitud. ¡Habrá majaderos!

No se canse usted, amigo mío: Todo proviene de que los peninsulares dicen: Nuestras Américas, como podrían decir: Nuestra hacienda, donde otros trabajan para que vayan allá sus productos. Por mi parte, yo digo mi América, como mi patria donde trabajo y disfruto, y los americanos mis compatriotas que conmigo trabajan y disfrutan.

Antiindependiente   Pues descuídese usted y verá si esos compatriotas lo dejan en la calle.

Independiente   Si yo fuese su enemigo, podría temerlo, pero siendo su hermano, estoy bien seguro. Ese es el espantajo con que quieren atemorizarnos como a los niños. Los estragos que ha habido en algunos parajes de América con los europeos ha sido porque éstos han querido hacer el papel de quijotes desfacedores de entuertos, porque han contrariado la opinión del país, porque no han cesado de tramar revoluciones, porque estando acá y disfrutando acá, son agentes de allá. Amigo mío: O herrar o quitar el banco. Vivir con las opiniones e intereses de un pueblo o abandonarlo. De lo contrario, prepararse a hacer mal y a que se lo hagan, y no quejarse porque ellos se tienen la culpa. Eso es lo mismo que el que ataca un ejército y después se queja de haber sido herido. Pues ¿qué quieren? ¿Que le celebren la gracia? Desengáñese, amigo mío: Los americanos estarían con los europeos en perfecta armonía si no hubiera entre nuestros paisanos algunos necios y otros perversos que encienden el fuego de la discordia bajo pretexto de sostener allá derechos ridículos.

Antiindependiente   Yo lo que sé es que quiero asegurar mis bienes.

Independiente	Pues no hay duda que estarán mejor asegurados, excitando el odio de los que usted dice que quieren quitárselos, y que en lo que menos piensan es en ellos. Paisano y amigo mío, dejémonos de rodeos; usted, si medita un momento sobre el carácter del pueblo de la isla de Cuba a que uno y otro nos referimos, no puede abrigar esos temores, pero acaso tanto darán en que el perro rabie hasta que lo hagan rabiar. Si nuestros paisanos, cuando cayó la libertad en España, la hubieran querido sostener en La Habana, ¿hubiera habido choque con los naturales? Ahora mismo, si se avinieran a cooperar a la felicidad de aquel pueblo, ¿no merecerían el aprecio y aun el cariño de sus naturales? ¿No sería la isla de Cuba el asilo de todos los libres? ¿No se aumentaría extraordinariamente su riqueza y población? ¡Ah! Permítame usted que le diga que los europeos que fomentan ideas contrarias, hacen un papel ridículo y cruel; ridículo porque demuestran que son liberales de España y nada más, y que sus principios son tan opresores como los que siempre han reinado en la Península; cruel, porque asesinan un pueblo, y lejos de evitarle una revolución sangrienta, y proporcionarle todas las ventajas de la armonía, van a precipitarlo a su entera ruina. No se canse usted: Nuestros paisanos hacen el papel de opresores, y sin poderlo negar, pues ellos mismos confiesan que es absurdo el gobierno peninsular, y quisieran destruirlo. ¡Y qué papel tan triste!
Antiindependiente	Mi amigo: esas ideas me afectan. Ofrezco meditarlas. Adiós.

Reflexiones sobre la situación de España

La Francia, como instrumento de la Santa, o sea la diabólica Alianza, cree que ha llegado el tiempo de dar el golpe mortal a la España; esto es, de retirar su ejército de ocupación. Las bayonetas que en manos de los hijos de San Luis entraron en la Península para cimentar en ella el trono y el altar, se creen ya inútiles, o por lo menos se determina que no continúen prestando su protección. ¡Ah! El rey que para mandar despóticamente trae en su auxilio una fuerza extranjera, y oprimir a los que por otra parte llama sus hijos, acaba por ser más esclavo que los mismos a quienes pretende esclavizar. Sí, no es otra la suerte de Fernando VII, él gobierna una nación de esclavos, siendo el primero de ellos; y el que no quiso sufrir las respetuosas insinuaciones de sus súbditos, tiene que cumplir los mandatos de sus amos. Nada vales, le dicen, sin nosotros; tú sabes que no es, como se dice, una facción, sino casi toda la parte ilustrada de tu pueblo la que se resiste a ser gobernada despóticamente; a la vista tienen los constantes esfuerzos que hacen por todas las provincias para sacudir el yugo; tú has convertido tu reino en un cadalso, y la sangre de tantas víctimas excita por todas partes el furor y la venganza; la miseria (que es el verdadero enemigo de España) se extiende más cada día; los recursos todos se agotan, infiere, pues, los resultados. Sin embargo, nos despedimos abandonándote a tu suerte, a menos que te sometas a nuestra voluntad, y si quisieras mandar, empieza por obedecer.

Nada podía ser mas plausible para los españoles que la salida de un ejército invasor, que siendo impotente para conseguir su empresa por las armas, solo ha podido conseguirla por la intriga cimentada en la ignorancia de una plebe, y en la perversidad de muchos que no pertenecen a ella; pero a la verdad, nada puede ser más inoportuno. Yo estoy muy lejos de opinar que convenga una larga permanencia del ejército francés en España, y creo positivamente que mirado el asunto bajo otras consideraciones, puede decirse que debe efectuarse ahora la salida, pues más adelante produciría mayores males; pero sí diré una y mil veces que si los franceses y los que los han enviado a España, no tuvieran una intención decidida de arruinar a aquella desgraciada nación, prepararían esta salida, apagando en cuanto fuese posible el incendio que ellos mismos han formado; sí: el incendio que ellos mismos han formado con su conducta hipócrita y perversa.

¿Quién puede dudar que de haber querido los franceses, no se hubiera sacrificado tantas víctimas en los cadalsos, no se hubiera saciado una plebe insolente en la sangre de sus hermanos, no estarían sepultadas en la desgracia tantas y tantas beneméritas familias; en una palabra, no se hubiera introducido el activo e indestructible veneno del odio doméstico, que no exceptúa al padre para el hijo, ni al hijo para el padre? Ahora es cuando fingen compadecerse de esas desgracias; pero se retiran, confesando tácitamente en este hecho que ellos las han causado, y dejando al mismo tiempo el campo libre para que se aumente, pues así conviene a su cruel política.

La conducta del general Bourmont en Cádiz, indica claramente lo que pudieron hacer los franceses, si todos hubieran tenido los sentimientos de humanidad, que tuvo siquiera momentáneamente, aquel caudillo de los liberticidas. ¿Quien ignora que este general se negó a dar entrada en Cádiz al regimiento de Gras (los héroes del célebre 10 de marzo), enviado por su amo para fines piadosos, y que los obligó a pasar la noche en el muelle y a retirarse como suele decirse con cajas destempladas? ¿Quién ignora que el bendito Dunoi,[15] comisionado por el gobierno para poner en seguridad nada menos que ochocientas personas de Cádiz, en lugar de los cuatrocientos soldados franceses que pidió para este caritativo objeto, lo que obtuvo fue una orden de salir de la ciudad en el término de dos horas y un edecán con su escolta para hacérsela cumplir? ¿Quién no sabe que a las once de la noche se abrieron las puertas de Cádiz solo para que saliese como perro con vejigas el citado caballero? ¿Y qué resultó? Llevar este bofetón el señor don Fernando VII, y hacer que no lo sentía, porque el quejarse hubiera sido provocar a que le regalaran con otros más fuertes, y aun algo más a las claras. A fe que en Cádiz no ha habido excesos, ni se han ejecutado las prisiones que en otros pueblos, donde sin duda no hay tanto liberalismo. ¿Qué indica esto? Que no se cometen excesos donde los franceses no los permiten; que el actual gobierno solo es cruel donde los franceses dejan que lo sea.

---

15 Este caballero natural de Nueva Orléans, es uno de aquellos americanos como suelen serlo los que degeneran de este nombre.

Las condiciones que se dicen propuestas por el gobierno francés son: 1.ª, que el rey establezca un sistema representativo. 2.ª, que conceda una amnistía general con pocas excepciones, y éstas nominales, 3.ª, que cumpla las capitulaciones hechas por los generales franceses con los generales españoles, que en un tiempo fingieron ser constitucionales, y que al fin fueron... lo que siempre habían sido. ¡Qué apuro para el gabinete español! La primera de esas condiciones es el trágala más terrible que puede imaginarse; es una piedra de molino que no hay garganta que la pase. La voluntad expresa del rey es mandar despóticamente, y que ni siquiera se oiga el nombre de representación nacional, aunque sea de farsa, y esta voluntad expresa es la que le mandan sus amos que mude o que contraríe. Vaya un trágala, pero como es por mano extranjera, no es contra la dignidad real, ni se opone a los derechos legítimos del amo de los españoles.

¡Pero, qué!: ¿Será cierto que el gobierno francés desea que haya un sistema representativo en España? Como lo desea el Gran Turco. Esta ha sido la trama de que siempre ha usado la Santa Alianza por medio del gabinete francés; éste ha sido el funesto lazo que ha aprisionado a tantos incautos. Desde la memorable época en que el cordón de sanidad, puesto para impedir que la fiebre amarilla atraviese los Pirineos, se convirtió en ejército de observación, se empezó a manejar esta arma con la mayor destreza; ella hizo prodigios en manos de los afrancesados, que llevaron su ingratitud hasta donde yo esperaba y algunos no creían, y ella en fin dio heridas mortales a la desdichada España y preparó su ruina. Cuando más uso se hizo de esta arma alevosa fue en los últimos días, cuando la libertad refugiada en su último asilo, esperaba que pasados los primeros momentos de un engaño, en que tuvo más parte la sorpresa que el convencimiento, fuesen conocidos sus verdaderos enemigos, y que los españoles volviendo en sí, percibirían el abismo en que iban a sumergirse, proveían lo que ya están tocando, y que al fin un esfuerzo propio de su carácter los sacaría del peligro, escarmentando a sus disfrazados opresores. Bien temieron éstos que llegase tal momento, que hubiera sido el de exterminio, y para evitarlo se fingieron amigos de la libertad que todos amábamos, y enemigos únicamente del desorden. Se pretendió que era imposible que dejase de haberlo mientras existiese la Constitución española, y se prometió otra que estando más en consonancia con el resto de Europa, evitase a la España todas las consecuencias de una rivalidad general y conciliase las opiniones e intereses de los españoles entre sí, restituyéndoles la suspirada tranquilidad.

Persona hubo en Cádiz que aseguraba haber visto la nueva Constitución galo hispana y que daba razón exacta de sus bases y principales artículos. Agregándose esto a la promesa verbal (y jamás por escrito) que hacían los generales franceses, de que el rey no estaría cuarenta y ocho horas entre ellos sin haber firmado la nueva Constitución, alucinaron a algunos incautos. El duque de Angulema se había contentado con manifestar por escrito que luego que S. M. estuviese libre, esto es entre las filas francesas, le suplicaría rendidamente que diese o prometiese dar a sus pueblos un gobierno conforme a su carácter, necesidades, y circunstancias políticas ¡Suplicaría! ¿Qué súplica podría hacer quien solo daba órdenes apoyadas en las bayonetas, y aun mucho más en las mismas circunstancias que ponían a Fernando en el estrecho caso de obedecer o verse abandonado en manos de los que acababa no de engañar sino de hacer desgraciados? ¿Cuándo se hizo la tal súplica? Y si se hubiera hecho, ¿es creíble que hubiera sido desatendida? Pero demos que así haya sucedido. −¿Por qué no se tomó entonces el partido que ahora se toma, o por lo menos se afecta tomar? ¿No se hubieran evitado innumerables males y esos enormes gastos que ahora pondera el gabinete francés? ¿Podía caber duda en el resultado de un orden de cosas como el que existe? La simple promesa de la ridícula por mal fingida súplica, ¿no estaba indicando que se preveían? Pero las intenciones eran muy distintas, y convenía dejar crecer los males, no para ostentar el mérito de la cura, sino para hacerlos más incurables.

Convenía, sí, tener un motivo para prolongar la ocupación, que entre otras utilidades políticas de más importancia proporcionaba una ventaja económica en favor de los franceses, que sin duda no era de despreciar. Esta consiste en el escandaloso contrabando que empezó a practicarse desde la entrada del ejército, y que continúa y continuará, mientras dure la ocupación de la península, o por lo menos de las plazas fronterizas y de la costa. Declarados libres de derechos los efectos introducidos para el consumo del ejército francés, no ha habido clase de fruto ni de manufactura de Francia, que no se haya introducido en número capaz de abastecer a media España.

Me consta que hasta pianos se han introducido libres de derechos por destinarse al ejército francés. No hay duda que son armas excelentes para decidir una batalla y que los tales soldados son *comme il faut*.

Todo ha sido una trama desde el principio, y acaso ahora no hace más que continuarse aunque bajo distinto aspecto. Puede ser muy bien que como se piensa generalmente, no sea este paso de los franceses otra cosa que un amago a Fernando VII, para que no olvide su miserable situación, y se dé prisa, no solo en acceder a las pretensiones de sus verdaderos enemigos, sino a proponerles ventajas en que acaso ellos mismos no habían pensado; porque a la verdad ¿qué no hará un rey que después de haberse entregado a la venganza y de haberse adquirido el odio de la mayor parte de su nación, se ve amenazado de quedar a discreción de los mismos que él ha perseguido y arruinado? Este temor puede fomentarse por los franceses para sacar partido y no es improbable que el último golpe de la España sea ocasionado por el temor de su rey, que sin duda empezará por disponer de los más distantes, esto es: de sus dominios imaginarios de América, y acabará por descender del trono, o por permanecer en él como un rey de farsa. Sin embargo, yo me inclino a creer que todo se ha hecho de concierto, y que no se pretende otra cosa que distraer los ánimos, teniéndolos en la expectativa de la cacareada Constitución galo hispana, conseguir que los liberales desistan de sus empresas, ya que van siendo algo más serias, o por lo menos no puedan contar con una multitud de patriotas incautos, a quienes alucinen estas promesas; alejar un poco la odiosidad que merecen los franceses por haber sido unos crueles liberticidas, tanto más odiosos cuanto más hipócritas. Puede sí, ser este un ardid para evitar que al fin encuentren su sepulcro en aquel desgraciado país los que en todos tiempos no han pensado más que en destruirlos, los que en el año de ocho le atacaron alevosamente, y los que en el de veintitrés han repetido, aunque con más disimulo, la misma alevosía. Bien conocen sus intereses los llamados hijos de San Luis; ellos fingen que quieren salir de España, pero es preparándose para entrar en mayor número y oprimirla.

¿Por qué conservan las plazas fuertes? ¿por qué se apoderan de los principales puertos? Si han conseguido su intento, ¿por qué no se van todos, y dejan enteramente libre el país que dicen que han venido a favorecer? Y si no lo han conseguido ¿por qué se retiran? ¿será para abandonar la empresa? Solo podrá creerlo el que ignore o se haya olvidado de todo lo acaecido. Los franceses dijeron siempre que ellos no venían a combatir contra liberales por otra causa que por el reconocimiento del dogma político de la soberanía de los reyes y no que los pueblos, y que por consiguiente no había alteraciones que hacer en la Constitución española, sino que toda ella era ilegítima, por no ser dada libremente por el príncipe a quien única y exclusivamente pertenecía dar leyes, así fundamentales como civiles.

Oficialmente, ni aún esto decían, por más que se exigió de ellos que manifestasen los motivos que les impulsaban a tan escandalosa invasión. Contestaron siempre que no contestaban, porque ellos no pedían entenderse sino con el rey en libertad, y que no lo consideraban en este estado sino cuando se hallase entre el ejército francés.

Ahora bien, este dogma por cuyo reconocimiento han hecho tantos sacrificios, si es que puede llamarse reconocimiento un silencio impuesto a punta de bayonetas; este dogma, repito, ¿quedaría en pie en España si los franceses o mejor dicho la diabólica Alianza abandona la empresa? Es claro que no. Luego también es claro que la empresa no se abandona, sino que por lo contrario, se sigue cada vez con más empeño. ¿A qué viene, pues, esta especie de amenaza hecha a Fernando VII de abandonarlo si no establece un sistema representativo? ¿Ignoran ellos que la respuesta es: no quiero? ¡Ah! ésa es la que ellos esperan para conseguir sus miras, aunque por ahora finjan que la sufrirán. Bien conocen que en el momento se encenderá la guerra civil más sangrienta, y que los liberales no serán como hasta ahora meramente pasivos y víctimas de sus asesinos, bien prevén ellos la absoluta necesidad que habrá de su vuelta a España, y bien esperan que Fernando tenga la suerte de todo rey que se entrega en manos de extranjeros. Ahora más que nunca viene bien aquellos versos: Viéronse estos traidores fingirse amigos para ser señores.

Aun los mismos periódicos franceses (no hablo de los ministeriales) reconocen estas verdades, y anuncian los males que pueden sobrevenir a la misma Francia por la conducta de su gobierno respecto a España. Yo no puedo menos de insertar lo que dice el Diario de Comercio de París de 22 de noviembre, porque a la verdad está escrito con toda la franqueza que exige el asunto, aunque se resiente algo de ser pluma francesa, y yo aprovecharé esta ocasión para decir lo que él calla, y que acaso no quisiera ser estampado.

«Se asegura (dice el citado periódico) que el Consejo se ocupa de la gran cuestión de la evacuación de la Península, y en efecto, no podía presentársele un problema más complicado. La política, en que tiene siempre parte España, es tan radicalmente mala, que para salir del estado en que nos ha puesto, no tendremos que elegir sino males. Es lo más triste ver hasta qué punto se ha procurado justificar las siniestras predicciones con que hace dos años resonaba el Parlamento británico, y cuánta razón tenían M. M. Canning y Liverpool cuando calculaban con gran complacencia la extensión de los gastos y de los inconvenientes que debían resultarnos de nuestra invasión en la Península. Pero ¿qué hay que hacer ahora? Si evacuamos la España en el estado de confusión y de anarquía en que está sepultada, ¿no seremos responsables de los excesos y furores del partido que hemos hecho triunfar? ¿No es a nuestros esfuerzos y sucesos a quienes se debe el poder de que se usa para llenar los calabozos y prostíbulos? ¿No debe preverse el caso posible de la reacción de un partido oprimido, que cansándose de ser diezmado por un populacho abyecto, podría al fin sacudir sus cadenas? Por su fuerza moral, y por la energía que le da su desesperación, ¿no podría triunfar de una facción que no puede sostenerse sino con la ayuda de bayonetas extranjeras? No habría menores inconvenientes en prolongar una ocupación que no tiene otro resultado que enormes gastos sin alguna recompensa, y nuestras valientes tropas no sabrían salir fácilmente de la difícil posición que ocupan entre el partido dominante, cuyos furores no pueden reprimir, y sus víctimas, a quienes deben imponer sumisión y silencio. Los soldados franceses no se han hecho para servir de carcelero y gendarmes al partido de la fe. Desearíamos que se nos demostrarse sin declamaciones y charlatanerías el partido que se ha de tomar para abrir el estrecho desfiladero en que se ven comprometidos.

Se presenta en este momento un hecho bien notable: mientras retrograda nuestro ejército hacia los Pirineos, los austriacos evacuan también parcialmente el reino de Nápoles. Pero ¡qué diferencia! Austria evacua la Italia meridional porque ha conseguido completamente el fin de su invasión, y nosotros dejamos la España porque no hemos podido llegar al nuestro, que es la pacificación del país. El Austria se hace recompensar largamente de sus gastos, y de la ocupación ha sacado la ventaja de mantener treinta o cuarenta mil hombres sin que la costasen nada: la Francia ha sacrificado trescientos millones en pura pérdida, y todos los gastos de la ocupación han quedado a su cargo. La expedición de Nápoles ha aumentado la influencia del Austria en Italia, sin que esta empresa la haya debilitado respecto a las demás potencias de Europa: la Francia, después de haber restablecido la dignidad real en España, no ha conseguido el valimiento necesario para hacer que se atiendan sus consejos y que se cumplan las capitulaciones acordadas por el príncipe generalísimo, y a nadie se oculta que si sobreviene una guerra en Europa, suceso para el cual siempre debe estar prevenida una gran potencia, la Francia embarazada con los lazos que la unen a la España, como un ser viviente a un cadáver, no tendrá en sus movimientos toda la libertad necesaria, y acaso estas onerosas relaciones la distraerán en términos muy favorables a sus enemigos. Podrá suceder que los sucesos del Oriente justifiquen muy pronto esta observación».

A pesar de que el autor de los párrafos que acabo de insertar habla en un tono poco agradable al gobierno francés, no deja sin embargo de dar a conocer, como dije anteriormente que en el fondo tiene sentimientos bien análogos a los del mismo gobierno que censura. Siente el éxito de la empresa y no la empresa misma; se duele de los millones gastados, y no del infame uso que se ha hecho de ellos; se lamenta de que Francia no haya conseguido su intento como Austria el suyo, que es haberse saciado en la sangre de los infelices napolitanos y haber reducido aquel país a tan terrible esclavitud que ni siquiera tienen el consuelo sus malhamados habitantes de dar un suspiro en medio de sus penas, porque éste sería un nuevo delito.

¡Francia no tiene bastante influjo para hacer que se atiendan sus consejos! ¡Ah! Francia finge no tenerlo, porque así conviene a sus intereses. España está como un cadáver unido a un ser viviente, sí no hay duda, y como la víctima del más cruel asesinato. ¿Y quien fue el asesino? ¡Ah! Ese mismo ser viviente a quien ahora pesa tan funesta carga, más por el oprobio que le resulta en llevarla, que por piedad hacia tan tristes despojos. Esos millones se han gastado en encender la guerra civil, en fomentar el fanatismo, en esparcir el terror y la muerte, en cimentar el coloso de la tiranía; en una palabra: en las funciones propias de una de las dos naciones ejecutoras de la Santa Alianza.

Para llevar adelante su engaño, los Santos Aliados, hacen que la Francia vuelva a suscitar la fingida indicación de una amnistía, exigiéndola como base de sus futuros convenios con el Gabinete de Madrid. Los miserables que fueron tan tontos que se figuraron estar seguros por el primer decreto de exterminio que salió con el nombre de amnistía, muy pronto recibieron un tristísimo desengaño viéndose en cárceles, y acaso algunos en los patíbulos, por intrigas muy fáciles de formar cuando un gobierno recibe como ofrendas las víctimas que son entregadas a su furor. Este desengaño ha hecho que sea algo difícil encontrar tontos que caigan de nuevo en el lazo, y para conseguir nuevas presas ha sido preciso encubrirlo algo más. Se dice, pues que la amnistía no será ya en términos vagos, ni por clases que con una siniestra ampliación comprendan los individuos que designarle el odio y la venganza, sino que la nueva amnistía deberá ser con pocas excepciones y éstas nominales.

Conforme a esta nueva trama nos salen ahora los papeles públicos con la interesante noticia de que se han citado para comparecer personalmente (como que son mentecatos) a los señores Valdés, Siscar y Bigodet, regentes nombrados por las Cortes en Sevilla, y que de no comparecer, serán juzgados en rebeldía. No tiene otro objeto esta importuna por tardísima medida, sino aparentar que se toma para que sean estas personas las primeras excepcionadas, nominalmente, y se dé crédito a la proyectada amnistía, que se estará cacareando como la anterior cuatro o seis meses, y al fin será otro parto de los montes aun más ridículos; y entre tanto está todo el mundo quieto, y se logra remachar más las cadenas. El mismo hecho de exigirse excepciones nominales, da margen a la decorosa o por lo menos la disimulada demora del negocio, pues cada una de ellas debe ser, aunque no será, el resultado de un juicio seguido con todos sus trámites, y del cual resulte perfectamente probado el delito de una persona determinada.

Yo supongo que también convocarán a los diputados que votamos por el nombramiento de la regencia, pues no es natural que llamando a los encargados del poder, no llamen a los que la pusieron en sus manos. Este nuevo llamamiento será un poco más difícil, porque como la votación no fue nominal, y por el reglamento del Congreso votábamos sin más que ponernos en pie para probar, y quedarnos sentados para negar el voto, nadie puede, ni aún los mismos diputados, decir nominalmente todos los que votaron. Casi todos nos pusimos de pie, y así la aprobación fue tan clara, que al golpe no dejó ningún género de dudas, ni fue preciso contar los votos; de modo que el acto de la aprobación del dictamen fue asunto de menos de un minuto. Bajo estos datos considérese si es posible que se convoque nominalmente a los diputados que votaron por la regencia. Por mi parte tengo el gusto de ahorrarles el trabajo si llega a tiempo este papel, y aprovecho esta ocasión para manifestar públicamente que lejos de arrepentirme de haber votado por la regencia, protesto que si mil veces me vienes en las mismas circunstancias, mil veces votaría del mismo modo. Si el tribunal que debe juzgar a los diputados juzgase también a los reyes, y fuese juez la parte ilustrada de los pueblos, yo me embarcaría en el momento para la Península, y sin duda encontraría allá a mis beneméritos compañeros. Ved lo que está sucediendo: ved un rey entregado a sus verdaderos enemigos, a los que ya otra vez le llevaron preso, y ahora le aprisionan en su mismo reino, aunque más disimuladamente; ved un pueblo envilecido hasta el extremo, ved la sangre de tantas víctimas regando un suelo ingrato; ved la discordia y el furor sembrados por todas partes; ved la guerra civil que estalla, y que acaso en breve reventará con la fuerza de un volcán reprimido cuyos estragos serán tan funestos como irremediables; ved la libertad encadenada bajo el pretexto de contener la licencia; sentid, sí, sentid el peso de esas cadenas, que ya hasta a vosotros mismos os abruman, y no preguntéis, crueles consultores de ese malhadado príncipe, por qué se nombró una regencia en Sevilla, ni por qué los regentes admitieron el encargo. Pero dejemos al tiempo que concluya el desengaño que ha empezado, y volvamos a nuestras consideraciones sobre el estado de España.

La deducción acertada que puede hacerse de todo lo que observamos en la Península, es que su enfermedad hace crisis, y que por consiguiente debemos esperar muy pronto un cambio en su estado político, o su ruina total. Su situación es monstruosa, y es un nuevo monstruo, un monstruo duradero. La política de Europa tiene ya bien preparada la víctima para inmolarla y acaso la destina a una suerte muy semejante a la que en 1772 y 1792 tuvo la desgraciada Polonia, y no sería extraño que Fernando VII muriese en París (no preso, sino sin poder salir ni abandonar la compañía de sus amigos), así como murió en San Petersburgo el desgraciado Estanislao III; y que los que ahora tratan como infame y llenan de baldones al ilustre patriota que puso en sus manos la joya inestimable de la libertad que han perdido, lloren sobre las ruinas de su país, como los miserables polacos lloraron sobre el suyo los malogrados triunfos de un Kosciusko. A este mismo tiempo la porción ilustrada del pueblo español, que contempla ya como cierta la ruina de su patria, hace todos los esfuerzos para evitarla: el pueblo ignorante, acaso la está percibiendo ya, y si no es así, muy pronto la percibirá; y no hay que dudarlo: el choque de la libertad contra el despotismo va a empeñarse de un modo terrible. Pero ¿cuál será el éxito? He aquí un punto muy delicado y en que no puede establecerse una opinión fija. El mar político está en tremenda borrasca y sus estragos son tan variados y caprichosos como sus enfurecidas olas. Yo dejo a cada cual decudir las consecuencias que guste, que todas ellas tendrán sin duda antecedentes de donde deducirse legíti- mamente. Solo creo que puede asegurarse que la España, o perece, o si su valor la liberta del exterminio, quedará exánime, pues vemos que ya casi lo está. ¡Qué escarmiento para los que fiaron su suerte en manos de los extran- jeros, y creen que afirman el trono de un rey, haciéndole flotar en la sangre de sus súbditos! La época va a ser de desengaños. Los que creen que un sistema político no puede establecerse sino precedido de la desolación y la muerte, y que una de las armas con que atacan la revolución de España, era predecir su poca duración, por no haber sido ensangrentada, tendrán ahora una oportunidad para conocer hasta qué punto son exactos sus principios. Bastante sangre corre actualmente en España. No hay día que no se señale inmolando alguna víctima al ídolo ofendido y a quien se pretende desagra- viar. En todas las provincias, mejor dicho: en todas las ciudades, están en acción continua los tribunales militares, y a fe que no son escrupulosos en mandar fusilar. El error está bien difundido, pero con él se difunde también la desesperación y el deseo de la venganza, y jamás ha estado el despotismo tan vacilante como ahora que se entrega libremente a todos sus furores. Desaparecen, sí, los objetos que excitaban el odio y la venganza, pero de sus cenizas brotan millares de otros semejantes, y cada día se aumenta más y más el número de los enemigos de un gobierno sanguinario. Pensaron los déspotas que con matar o mejor dicho: asesinar constitucionales, se extinguiría esta que llaman raza perversa: mas la experiencia va demostrándoles que donde se matan diez se forman ciento, y que las más enérgicas contrarrevoluciones siguen siempre a los más numerosos y crueles asesinatos. La severidad acompañada de la justicia es necesaria; la crueldad unida a la injusticia es lo más funesto a toda clase de gobierno.

El editor del *Diario del Comercio* de París dice que la Francia debe estar prevenida para una guerra que acaso puede sobrevenir en Europa. No hay duda: el poder colosal de la Rusia, que como un gran gigante pretende extender un brazo sobre el Oriente, teniendo ya otro en el norte de Europa, amenaza a las naciones de un orden inferior, y no sería muchos que experimentasen, no ya una inundación de bárbaros como antiguamente, sino una inundación de bayonetas rusas, que para el caso es un poco peor. El equilibrio europeo cuya conservación es el principal objeto de las naciones, está destruido, y éste es el indicante más seguro de una guerra. Los ingleses, que ven atacada no su seguridad, porque ésta lo está en la naturaleza, y en un mundo flotante de que puede disponer su gobierno, sino las ventajas de su comercio de la India, si la Rusia apoderándose de la Turquía consigue el gran punto de Constantinopla, y aún extiende sus conquistas hasta el Egipto, esperan que las naciones occidentales le declaren la guerra, o mejor dicho: incitan a que se la declaren para unirse a ella. Los ingleses hacen el papel de indiferentes con todo el mundo, y lo revuelven todo. Saben que son necesarios y están para oír proposiciones, o mandar que se las hagan, aunque siempre con el aire de indiferencia, desinterés y aún generosidad.

Pongámonos ahora en el caso de un rompimiento entre los santos, y que los más débiles se reuniesen contra el Santón de Rusia. ¿Cómo se componían con España? Si la abandonan, retoña y fructifica el árbol de la libertad; si la ocupan, es preciso que sostengan no como quiera una ocupación pasiva, sino una guerra constante, porque entonces el desavenimiento de los opresores animará a los oprimidos, y esa misma Rusia que ha sido la principal de las naciones continentales en derribar la Constitución de España, protegerá momentáneamente y por lo bajo a los constitucionales, y yo aseguro que tiene razón el periodista francés para temer que su nación se vea un poco apurada. Si las cosas tienen este desenlace, ¿podrá ser feliz la España? Dos años antes lo hubiera sido, cuando un sistema liberal, si no perfecto, por lo menos con las bases para serlo, recibiendo a su tiempo y libremente las correcciones necesarias, se hubiera visto sin enemigos, por lo menos sin los poderosos que podía tener. Más ¡ahora! Respondan otros que así lo han querido.

Haciendo aplicación de estas observaciones al negocio de América, que es lo que más nos interesa, es menester estar muy ciego para no ver que España, sea cual fuere el resultado de la crisis en que la vemos, está fuera de combate, y que los americanos ya solo tienen que habérselas con emisarios, y no con bayonetas españolas. En el estado actual de la España, creo que no cabe duda, y si alguno se obstinase en dudarlo, bastaría para convencerlo la simple consideración de que al gobierno español le sobran deseos de enviar tropas, le ha sobrado tiempo desde la caída de la Constitución (pues dicen los serviles que antes no se mandaban porque los constitucionales eran unos pícaros), está perdiendo tiempo y dándoselo a los americanos para que se consoliden y preparen la defensa, y sin embargo no manda ni un soldado. Luego, es porque no puede, y esta impotencia crece de un modo incalculable. Si el sistema político vuelve a tener otra alteración en España, este cambio no dará dinero, que es lo que se necesita para el negocio de expediciones; antes por el contrario, se gastará mucho para conseguir el mismo cambio político y para conservar el nuevo orden de cosas, no sea que por meterse a conquistadores, sean conquistados. La nación española, como he dicho anteriormente, debe quedar exánime, y además con todas las cargas de las inmensas deudas que está contrayendo y que será preciso reconocer, o exponerse a mayores males; en términos que aunque rompa las cadenas, ha de pagar a los que se las pusieron. En consecuencia, puede asegurarse que ni ahora ni después hay que temer expediciones de España y que la América está tan libre de ejércitos españoles como el cielo de ratones.

A estas circunstancias se deberá el término de la lucha entre las llamadas colonias y su llamada madre. Término que priva a España de infinitas ventajas que pudiera sacar, renunciando a la maternidad; pero que es el único que puede tener este negocio, pues ya todos están bien convencidos, y yo por mi parte tengo mas datos que otros muchos para estarlo, de que jamás se conseguirá de los españoles que dejen de creer que son amos de la mitad del Nuevo Mundo, aunque manden en él tanto como en la una.

Preguntas sueltas, respuestas francas ¿Qué se han hecho los dos mil hombres de tropa que debían pasar de la Coruña a La Habana? Dicen que se dispersaron. ¿Se dispersaron o los dispersaron? De todo puede haber. ¿Volverán a reunirlos? Raya en lo imposible. Y si los reúnen, ¿podrán conservarlos hasta que se embarquen? Seguramente, siempre que tengan bastantes cepos en qué ponerlos o buenas cuerdas para atarlos. Y en La Habana, ¿los esperan? ¿Quién lo duda? Hasta el día del juicio por la tarde, porque por la mañana es muy temprano.

Preguntas sueltas, respuestas francas

(Publicado en el periódico *El Habanero*)

¿Qué se han hecho los dos mil hombres de tropas que debían pasar de la Coruña a La Habana? Dicen que se dispersaron. ¿Se dispersaron o los dispersaron? De todo pudo haber. ¿Volverán a reunirlos? Raya en lo imposible. Y si los reúnen, ¿podrán conservarlos hasta que se embarquen? Seguramente, siempre que tengan bastantes cepos en qué ponerlos o buenas cuerdas para atarlos. Y en La Habana, ¿los esperan? ¿Quién lo duda? Hasta el día del juicio por la tarde, porque por la mañana es muy temprano.

Instrucciones dadas por el gabinete francés a Mr. Chasserian, enviado a Colombia

(Publicado en el periódico *El Habanero*)

El *Morning Chronicle* de 1° de septiembre y después El Colombiano de 22 de noviembre del año pasado, han publicado algunos párrafos de las instrucciones dadas a Mr. Chasserian, de que hablé anteriormente, y que hubiera insertado a continuación de las del coronel Galabert, enviado a México, si no hubiese llegado a mis manos el número citado de El Colombiano, después de impresos los artículos anteriores. Sin embargo, he creído oportuno insertar este documento, para que cada cual forme por sí mismo el cotejo entre una y otra instrucción, y perciba su identidad, pues solo se diferencian en las palabras, bien que al señor Chasserian se hacen algunas advertencias omitidas respecto del coronel Galabert, de las cuales consta el ánimo del Gobierno francés de guardar una apariencia de rectitud y de constancia de principios, que consiste en ser constante y cruel enemigo de toda nación libre. Yo omito anotar estas instrucciones, porque las convienen exactamente las mismas notas puestas a las del coronel Galabert.

«Conforme a la instrucción número 2 que se puso en manos de usted en 3 de junio por el coronel Galabert, y con arreglo a las prevenciones contenidas en su memorial, queda determinado que la misma base de operaciones le servirá a usted de guía en ambas, caso que tenga necesidad de nuevas instrucciones. El punto más importante de ellas es lograr informes positivos con respecto al estado actual de las fuerzas militares y navales de Colombia, y principalmente saber perfectamente las opiniones (morales) de los oficiales de más influjo en el ejército como en la marina. Del último despacho del coronel Galabert se evidencia que los ánimos están en México bien dispuestos en favor de un movimiento realista, y es de desear que el caso sea el mismo en Colombia. El coronel Galabert nos asegura que el pueblo está en todas partes muy exasperado contra los insurgentes, y que el clero se halla animado de las mejores disposiciones. Observe usted exactamente el sentido de las cosas por su parte, y busque los medios de obtener por sí mismo algún influjo, que le ayudará a establecer sin peligro su carácter diplomático semi oficial. No tema usted prometer demasiado o avanzar hasta muy lejos. Es esencial tocarlo todo a un mismo tiempo, sin lo cual será necesario abandonar la idea de volver a someter la América bajo el cetro de aquellos sanos principios que otra vez han salvado la sociedad en Europa. Cuide usted particularmente en todas las relaciones que establezca, dar importancia a los eclesiásticos: ningún esfuerzo empleado en adherirlo fuertemente estará de más, porque el influjo que ejercen sobre los americanos españoles no es menor que el que han conservado sobre sus paisanos en Europa. Se ha determinado absolutamente que en ningunas circunstancias procure o proponga usted la emancipación o reconocimiento como Estado independiente. Esta concesión preliminar siempre de nota debilidad, y al mismo tiempo tiene el serio inconveniente de dar a la política un aire de mala fe. Antes de todo, es mejor tener muchas dificultades que oponer, para después avanzar más rectamente en el camino que nos habíamos propuesto. La distancia es otra razón para ahorrar tiempo, y no dar pasos falsos. Parezca usted más bien algo indiscreto por lo tocante a opiniones realistas que permitir se suponga ni por un momento que la Francia se allane a hacer alguna concesión al espíritu revolucionario. Sobre este punto, el gobierno de S. M. concuerda estrictamente con el Gabinete de Madrid: todos los medios de persuasión, de intereses y de convicción deben emplearse para atraer otra vez las colonias al antiguo orden de cosas; pero si todos los otros esfuerzos y procedimientos no producen un favorable resultado, queda solo por último recurso obtener por la fuerza de las armas lo que no se ha conseguido por medio de las negociaciones que se están practicando. No desprecie, pues, usted nada para lograr el objeto por los medios que tiene en su poder. Presentando al pueblo continuamente el éxito que han tenido en Europa las revoluciones de Nápoles, Piamonte, Portugal y España, haga usted perceptible cuanto haya de vicioso en el sistema que se dirige a separar la América de la Europa y a destruir en consecuencia las relaciones comerciales que solas pueden dar vida y movimiento a los cuerpos políticos, que por decirlo así han sido creados no más que ayer. El genio de los españoles no es hecho para estas teorías abstractas, por cuyo auxilio este hermoso y rico país ha estado catorce años inundado de sangre. Es tiempo de poner un dique a esta devastación, que arruina las naciones pervirtiendo sus ánimos, y refrenar en medio de su curso esos torrentes desoladores, que tienden a refluir desde el nuevo mundo al antiguo.

»Luego que usted haya formado algunas respetables conexiones en el país, será de la mayor importancia poner estos auxiliares en estado de obrar eficazmente.

»Cuantos más de los naturales del país atraiga usted al interés de nuestra política, tanto más fácilmente obrará usted con fuerza y rapidez. Sobre todo, no se olvide de los oficiales generales del ejército.

»El objeto de la más urgente solicitud de usted debe ser el conocimiento exacto de los buques de guerra, su número, su fuerza, el número de cañones de que están armados y el número exacto de sus tripulaciones. Tampoco debe olvidarse la clase de los buques. Luego que obtenga usted estas noticias las enviará al capitán P... de la Marina, que sobre este asunto ha recibido órdenes del Ministerio de Marina y que recibirá los despachos de usted por el paquete del Brasil.

»La casa de Gerard, de Filadelfia, y sus corresponsales en Buenos Aires tienen orden de proveer a usted de las sumas que quiera librar sobre ellos a la vista. No puede haber ninguna demora en cumplir las solicitudes de usted, pues todo ha sido previsto, y sobre todo, está ya providenciado.

»En el mismo paquete hallará usted las instrucciones del Gabinete de Madrid, para el abad Doraldo. Se recomienda al cuidado de usted, quien debe considerarlas como de la mayor importancia. Un duplicado de la última relación de usted se ha enviado al coronel Galabert, con quien conviene que usted continúe manteniendo comunicación cuantas veces lo exija la ocasión.»

Suplemento al n.º 3 de el habanero

(Publicado en el periódico *El Habanero*)

Las últimas noticias de Europa y América todas conspiran a poner en evidencia la exactitud de las ideas manifestadas en este número y los anteriores. He dicho que la independencia de la isla de Cuba no es un objeto de elección sino de necesidad, pues un hado político la decreta, y que los que la presentan obstáculos no hacen más que privarla de los bienes de que podría estar acompañada; y los hechos van comprobando a pasos gigantescos mis previsiones. El simple extracto de dicha noticia bastará para convencer a todo el que no quisiere cerrar los ojos. Yo siento que la brevedad del tiempo no me permita extenderme en reflexiones, pero a la verdad que son poco necesarias.

Derrotado enteramente el ejército español en el Perú, está libre toda la América. En la capitulación hecha entre los generales entra la entrega del Callao, y solo se permite salir el navío «Asia», el bergantín «Aquiles» y demás buques de guerra o del comercio, como asimismo la oficialidad e individuos del ejército que no quieren quedarse en el país, estipulando no tocar en ningún punto de América en que flamee la bandera española, ni poderse emplear en guerra contra los países independientes. Queda pues el ejército colombiano en disposición de invadir la Isla y en necesidad absoluta de hacerlo.

El gobierno de estos Estados Unidos ha emprendido al mismo tiempo la brevísima construcción de varios navíos, fragatas, corbetas y buques menores. Los ingleses han procedido al reconocimiento de Colombia y México y han enviado un comisionado a Lisboa para persuadir que reconozcan al Brasil, y en caso de no hacerlo intime al gobierno portugués que queda reconocido por Inglaterra y continúe su viaje al Brasil para negociar sobre esta base. El mismo Gabinete inglés da una protección decidida a los griegos para oponerse a las miras de Rusia. Holanda ha seguido ya el ejemplo de Inglaterra en el reconocimiento de América. En una palabra: todo indica un rompimiento con la Santa Alianza (que se presenta muy ofendida) y la causa son las antiguas posesiones españolas. Luego esta nación será parte principal en el negocio, y la fidelísima isla de Cuba verá quién la defiende contra los esfuerzos no solo de la América, sino del coloso inglés.

Mientras los negocios políticos toman este aspecto, en La Habana solo se trata de perseguir a mi pobre Habanero, y de mandar asesinar a su autor. Acabo de recibir la noticia de que en consecuencia de los efectos producidos por el segundo número, se ha hecho una suscripción para pagar asesinos que ya han encontrado y que deben venir de la isla de Cuba a este país sin otro objeto que este asesinato. La noticia es dada por personas de quienes no puede dudarse, y además tiene otros antecedentes que la confirman.

¡Miserables! ¿Creéis destruir la verdad asesinando al que la dice? ¡Ah! Ella es superior a todos los esfuerzos humanos, y un recurso como el que habéis tomado solo sirve para empeorar vuestra causa. Nada prueba más la solidez de lo que he dicho que la clase de impugnación que habéis adoptado. Yo podré morir a manos de un asesino, pero aseguro que no ganaréis mucho, y no sé si me atreva a prenunciaros que perderá algo vuestra causa. Por lo que hace a las personas caritativas, podría designarlas, mas no lo haré porque no tengan muy pronto la misma suerte que ellos me preparan. Yo no sé hacer la guerra de asesinos, ni he hecho otra que la de razones, francamente, sin ocultar mi nombre y de un modo decoroso.

¿Es el medio de salvar la Patria pagar malvados que quiten la vida al que ha cometido el crimen de decir la verdad, a tiempo en que las cosas pueden tener mejor y más pacífica composición? ¡Ah ingratos! Queréis derramar la sangre del que solo ha trabajado y trabaja porque no se derrame la vuestra. Desgraciados, pues solo puede serlo el criminal: yo os entrego al tiempo, y a vuestros remordimientos. Entre tanto una verdad quiero recordaros, y es que vuestro número es limitadísimo, y debe su preponderancia a una condescendencia momentánea. Ya no es tiempo de sorprender a nadie con los espantajos de criollos y europeos, habiendo entre éstos acaso tantos desengañados y tantos independientes como entre aquéllos.

Yo no he hecho más que procurar que los hombres se conozcan mutuamente y conozcan su situación, para que en un caso que por su naturaleza es inevitable, se calmen las pasiones, se impidan los desastres, y saque el país inmensas ventajas, que hagan felices a sus actuales habitantes, y a sus futuras generaciones. Si este es un crimen, he aquí un crimen protector de la humanidad y arreglado a la justicia, he aquí un criminal que se gloría de serlo.

Persecución de este papel en la isla de Cuba

Todas las cartas que se reciben de aquella isla convienen en que mi pobre Habanero sufre la más cruel persecución. ¡Pero qué cosa tan particular! Persíguese a *El Habanero* al mismo tiempo que todos confiesan que dice la verdad, y cuando el mismo gobierno da pruebas irrefragables de estar plenamente convencido. Aún los más encarnizados enemigos de la independencia escriben que es inevitable si los colombianos hacen un desembarco, y que este desembarco es aun más inevitable; confiesan que la suerte de la Isla será infinitamente menos ventajosa si debe su libertad a un ejército extranjero, que si la obtiene por solos sus esfuerzos; y sin embargo, el autor de *El Habanero* es un hombre perverso, enemigo de su país, porque ha tenido valor para decir públicamente lo que nadie niega en privado, sin que el silencio sirva para otra cosa que para dar tiempo a que el mal no tenga cura.

El gobierno de aquella isla en el mismo momento en que acaba de recibir tropas de España, y cuando pensaba darse más aire de seguridad, toma el partido de mandar un comisionado a la Corte para que llore y clame cuanto pueda representando la miserable situación de la Isla. ¿Y este paso es de quien está seguro? ¿No prueba a la evidencia que ya no saben con la que pierden? Efectivamente, no puede darse una manifestación más clara de la impotencia de aquel gobierno, del peligro de la Isla y de la exactitud de las observaciones del perseguido Habanero.

Pero ¿a qué va el comisionado a España? Unos dicen que a manifestar que se pierde la Isla si el rey no reconoce la independencia de Colombia y México, otros que a pedir más tropas, y un navío para la defensa. Lo primero es improbable, pues el que conozca el Gabinete español, y las ideas reinantes en la Península no dudará, que no solo es inútil semejante pretensión sino que se exponen mucho los que la hagan. Lo segundo es más cierto, pero no menos inútil, y erróneo. Es decir a los colombianos y mexicanos: estamos en incapacidad de resistir; daos prisa en acometer, pues si os tardáis puede venir algún auxilio; es avisar a los independientes de la Isla que aprovechen la oportunidad que se les presenta, y no les quede duda (si es que la tenían) de que a poca costa sacuden el yugo. Siempre pensé que se haría una petición de tropas, pero creí que sería con el mayor secreto y solo por comunicaciones oficiales; mas ya que ha sido con tanta solemnidad y aparato que ha llamado la atención de todo el mundo, no puedo menos de dar gracias a los señores que han manejado este negocio porque su resolución hace más a mis fines que mil números de *El Habanero*, pues ahora aun los que se alimentaban con ficciones de su imaginación acerca del estado de la Isla no podrán menos de desengañarse al ver la prueba auténtica de inseguridad que les da su gobierno.

Supongamos que el comisionado vaya con el arriesgadísimo encargo de pedir la emancipación del resto de la América española como único medio de conservar las islas de Cuba y Puerto Rico. En este caso es mucho más evidente el apuro del gobierno y la exactitud de mis observaciones acerca de su impotencia para garantizar a esos tranquilistas que creen salvar la Patria adulando a un amo y persiguiendo a todo el que menos cobarde que ellos se atreve a dar un paso para libertarla de la opresión que sufre y del peligro que la amenaza. Cuando un gobierno que sabe la oposición del rey a reconocer la independencia, aún después del reconocimiento hecho por el Gabinete inglés, se atreve a proponerla, es preciso creer que está muy apurado, y que para hacer una proposición de tal naturaleza ha procurado cubrir bien el expediente acreditando ese apuro hasta la evidencia, pues de otra suerte se expondrían a ser tratados como traidores todos los que intervienen en semejante medida, mucho más cuando se toma en el momento mismo de acabar de recibir tropas y buques de guerra. Y si esto es así, ¿por qué se persigue a *El Habanero*? ¿Qué más papel subversivo, ni que más voz de alarma que las operaciones del Gobierno y de sus satélites? El tiempo: he aquí el juez a quien apelo, y cuya sentencia no tardará mucho.

Algunas veces me ha ocurrido que en este negocio no hay más que una trama política, quiero decir: un engaña bobos, procurando el Gobierno entretener los ánimos con la esperanza de que Fernando reconocerá la independencia de Colombia y México por no exponerse a perderlo todo. Esto, decíame yo a mí mismo, habrán creído neciamente que es un medio de demorar las operaciones de Colombia con la esperanza de que sean innecesarias, al paso que servirá para animar a los tranquilistas y hacer desmayar algún tanto a los independientes; pero confieso que prontamente hice justicia a mis enemigos, y no los creí tan necios, a que se figurasen que otros que no han dado pruebas de tontos lo son hasta el grado de no percibir una trama tan grosera y de dar tiempos a que se remachen las cadenas o por lo menos se refuercen. Al expediente no le falta más que una pieza, y es un oficio muy atento y amistoso a los presidentes de Colombia y México, participándoles la determinación tomada, y aplicándoles que esperan la respuesta, que deberá traer el comisionado que debe salir para España. Mientras Victoria y Bolívar, que son niños de teta, esperan tranquilos la resolución del rey, se aparecerá el señor comisionado en el navío Asia, o en el viejo y carcomido San Pablo, que compondrán de cualquier modo; vendrán algunos transportes, y se reforzará la guarnición de la Isla con dos o tres batallones y las fuerzas navales con el navío y algún otro buque. Personas hay que cuentan ya con este porvenir, y creen que todo saldrá a pedir de boca. Lo malo es que como la tienen abierta puede secárseles mucho antes de que llegue el bocado. En cuanto a la petición del navío, no es mera sospecha, pues me consta que así lo ha propuesto cierto jefe y que el dictamen ha sido adoptado. No es mal recurso, pero es insuficiente, remoto e improbable, mas al fin los que tuvieron paciencia para esperar más de un año la decantada expedición de la Coruña y generosidad para pagar sus costos,[16] no será mucho que esperen y costeen otra semejante, aunque llegue el remedio cuando el enfermo haya muerto, o por lo menos cuando sea inútil y empiecen nuevos clamores, como ha sucedido con la llegada de esta expedición.

Yo no extraño que el gobierno procure por todos medios sostener su dominio en la Isla aunque sea arruinándola, pero sí extraño que aun haya personas tan alucinadas que se figuran que semejantes sacrificios pueden ser de alguna utilidad al país, cuando no hacen más que empobrecerlo y preparar su ruina. Después de haber gastado tanto en la conducción de

---

16 En El Colombiano, de 19 de enero, se insertan varias cartas que se encontraron en la fragata Uranie que iba de Burdeos a La Habana, y fue detenida por dos corsarios de la república, por conducir propiedades españolas. Entre dichas cartas se encuentra una del agente del gobierno de la Isla, y de sus adictos, en que encargaba que el comercio y demás pudientes se esforzasen para pagar los gastos del transporte de las tropas, por ser ésta la precisa condición con que se obtuvo la orden de envío. Yo había dicho que era imposible esperar de España auxilio alguno, y la experiencia lo ha demostrado, pues se estuvo esperando más de un año y no vino hasta que no se rascaron la bolsa los que le pedían.

las tropas, ¿qué han conseguido? Aumentar la guarnición lo suficiente para que no haya con qué pagarla, sin que a la pretendida seguridad de la Isla se agregue ni un ápice. En diciembre del año pasado estuvieron bien afligidos para poder pagar la corta guarnición que tenían; conque ahora, aumentados mucho más los gastos y disminuidas, o por lo menos, no aumentadas las entradas, es regular que no estén muy sobranceros y dentro de poco les pesará, si no es que ya les está pesando el haberse metido en costear expediciones.

Entre varias cartas que se han recibido de La Habana, hay una muy graciosa por el tono en que está concebida. Es una mezcla de himno y de plegaria, y seguramente el ánimo del que la escribió se hallaba momentánea y alternativamente agitado de encontrados efectos de tristeza y alegría. Ya estamos seguros... pero si vienen los colombianos... los tímidos que nos rodean se han reanimado al ver en la nueva tropa los libertadores de sus propiedades... pero esto no basta en las actuales circunstancias. Tales son, sobre poco más o menos, las expresiones de dicha carta. No llamarían mi atención si no observara en ellas la cantilena ordinaria del cuento de las propiedades. ¿De quién van a libertarse? ¿De los asaltos de cuatro ladrones? Basta para ello la gran masa de un pueblo noble y generoso incapaz de permitir tales atentados. ¿Quieren libertarla de este mismo pueblo si poniendo un término a su sufrimiento, se arroja enfurecido sobre sus opresores? En tal caso no bastan esos soldados para contenerlo, y sí para aumentar su furor y dar margen a mayores estragos. El modo de asegurar las propiedades es emplearlas mejor, o por lo menos no darlas tan mal empleo, como es el convertirlas en instrumento de la opresión y ruina del pueblo donde se han adquirido. Allá se las partan; ellos habrán formado su cálculo, pero yo creo que no es muy acertado. Continúen persiguiendo a *El Habanero*, porque dice estas verdades. Repitan como hasta ahora que su autor es un hombre perjudicial, que solo trabaja por arruinar el país; en una palabra; digan cuanto su furor pueda inspirarles; mas yo les aseguro que si por un solo momento consideran a sangre fría y con imparcialidad mis razones, conocerán que no tienen mejor amigo que el autor de *El Habanero*, aunque ni pretende ni desdeña su amistad, pues para satisfacerse a sí mismo le basta considerarlos con el aprecio general que tiene a todos los hombres y con la compasión que le inspira el error en que los ve envueltos.

Noticia de una máquina inventada para medir con la corredera lo que anda un buque

(Publicado en el periódico *El Habanero*)

Por Mr. J. Newman

La pequeña máquina que yo he inventado, dice el autor, y que tiene la decidida aprobación de muchos marinos, parece poseer todos los requisitos necesarios para el objeto a que se aplica. Está encerrada en una caja redonda de latón cuyo diámetro es de 3½ pulgadas y de 1½ de altura, y tiene una muestra cuya circunferencia está dividida en 60 partes. En el centro tiene un índice al que la máquina hace dar una vuelta en 60», o sea un minuto, y a los 15, 30, 45, y 60 segundos tiene la muestra unos taladros y en ellos unas puntillas movibles que se echan fuera o se esconden por unos botoncitos exteriores. La muestra está cubierta con un vidrio.

Para usar la máquina, se pone el puntero en los 60» reteniéndolo con la puntilla en este lugar. Si se va a usar durante 15» se echa fuera también el del número 15, y al tiempo de soltar la corredera se esconde la puntilla del número 60, y el puntero comienza a moverse hasta parar en 15. Si se va a usar 30, 45 o 60 segundos, se echa fuera la puntilla del número, y no los otros, sucediendo lo mismo que en el caso anterior.

El golpe de la máquina se oye a mucha distancia; el momento de pararse es muy sensible. Por consiguiente puede usarse en noche oscura también como en medio del día. Es exacta, fuerte y portátil, y parece propia para sustituirse a las incorrectas ampolletas de minutos que usan los buques.

Comisión militar en La Habana

Los que creían que todo el campo era orégano, ya ven que hay quien les ponga las peras a cuarto. Hablen ahora con libertad, señores constitucionales, criollitos independientes, atrévanse a negar que tienen amo y verán por donde les da el agua. Junta militar, con autoridad plena. ¡Qué sustazo! Si alguno tiene *El Habanero*, a esconderlo prontamente, o a quemarlo, porque si no... fusilan... No hay nada de eso. Yo me entiendo, y ellos me entienden... aunque si a algunos tienen ganas de fusilar es a mí; mas por ahora no hay caso.

Hagamos algunas reflexiones sobre la elección de personas que se ha hecho para constituir la junta. Yo estoy muy lejos de pretender hablar acerca de las circunstancias personales de los señores que la componen, pues no los conozco y hasta ahora ni siquiera había oído sus nombres. De uno que otro ha habido aquí quien informe, y en particular del señor presidente se dice que inspira bastante confianza al partido que lo ha nombrado, pero que es un hombre de honor incapaz de una bajeza y que hasta ahora no ha dado pruebas de abrigar los sentimientos de crueldad o mejor dicho de barbarie, que son favoritos a los que componen semejantes juntas en la Península. Yo supongo que los demás señores tienen la misma honradez y humanidad, pues no tengo datos para juzgar de otro modo, y mi máxima es pensar bien de los hombres, mientras no me consta que son malos, y precaverme siempre de ellos como si lo fuesen. No son, pues, los individuos el objeto de mis observaciones; lo es solo la circunstancia particular de haberse elegido gente nueva desconocida en el país, sin intereses algunos en él, y sin más empeño que conservar sus grados militares y ver si se hacen dignos de que su amo les premie con algunos otros. ¿Por qué no se han elegido los jefes antiguos en el país, que le conocen mejor que los señores nombrados? Eso sería, dirán algunos, exponerlos a mil compromisos, por sus mismas relaciones, y poner en prueba su honradez, que acaso no podría resistir a la amistad, y aun a los cariñosos efectos de familia; eso sería, digo yo, poner en ejercicio su prudencia, sacar partido de esas mismas relaciones que tanto se temen, inspirar más aprecio, así a la Junta como al Gobierno que la nombra, y no exponerse a que por dar palos de ciego, y no conocer los peligros, ni advertir cuándo la política exige dar más lugar a la clemencia que a la justicia; en una palabra: por operar como hombres que solo han visto en el país las bayonetas de que están rodeados, se exaspere el pueblo, a pesar de su natural mansedumbre, y rompa las cadenas con tal fuerza que sus esclabones despedidos hieran y exterminen a sus opresores.

Entre los jefes nombrados por vocales de la Junta, solo se cuenta un hijo del país y persona conocida, que es don Rafael Arango. Este nombramiento se ha hecho para que no sea tan notable el estudio con que se han separado de la Junta todos los naturales,[17] estudio tan impolítico que solo sirve para encender más el fuego que pretenden apagar, pues los ignorantes todo lo confunden, y un error que acaso tiene otro origen, lo atribuyen precisa y exclusivamente a la rivalidad que por desgracia se ha procurado establecer entre naturales y españoles europeos.

De los fiscales, hay solo tres hijos del país, a quienes conozco perfectamente, y siento infinito verlos en esa danza, pues los han puesto con estudio para cargar sobre ellos la odiosidad, porque o la representación fiscal es favorable a los reos o contraria. En el primer caso, son criollos insurgentes, etc.; en el segundo atraen sobre sí el odio de todos sus compatriotas. Son muy pocos los hombres que hacen justicia a los sentimientos de otros cuando su decisión les es contraria. El dictamen fiscal se aprueba o se desecha, y aunque algo influye en otras circunstancias, en las de partidos nada vale, sino para comprometer al que lo da; los votos son libres, y ellos forman la decisión. Yo quisiera ver paisanos míos u hombres interesados en el país, como vocales de la Junta; aunque se comprometiesen infinitamente, pero que el fiscal sea Juan o Pedro en una junta militar despótica, poco o nada puede interesarnos.

Yo sé muy bien que el principal objeto que se ha tenido a la vista en la elección de dichas personas, ha sido inspirar temor con solo su nombramiento, pues la idea de que a los jueces interesa muy poco la suerte de los acusados y de que pertenecen a la clase de los opresores decididos, que pueden obtener premios sacrificando víctimas al ídolo de la adulación, y que la clemencia, y aun diré más: la justicia, puede comprometerles a perder lo que ellos quieren conservar a toda costa, y sé muy bien, repito, que estas

---

17   Dícense que también es hijo de la isla don Antonio María de la Paz. No lo conozco, ni sé si es cierto lo que afirman, pero en todo caso son dos vocales entre siete.

circunstancias por sí solas bastan para aterrar a los tímidos. Pero la medalla tiene un reverso que no se ha observado, y en él se ven la prevención de parcialidad contra los acusados, el despecho, y el furor contra tales jueces, la necesidad de arriesgarlo todo y no andarse por las armas para separar de un pueblo pacífico un gobierno puramente militar, porque no está reducido a otra cosa el de la isla de Cuba; y un gobierno militar puesto en manos de unos hombres a quienes nada les interesa el bien del país, sino sus empleos y la mayor o menor exactitud con que se paguen sus sueldos, y que en volviendo a España con honor, esto es: habiendo correspondido a las intenciones de su amo, todo lo tienen ganado, aunque se arruine la Isla.

En el nombramiento de la Junta ha regido el principio que hace tiempo no cesan de inculcar los militares, y que ha sido el delirio del gobierno de La Habana. Quiero decir que conviene formar una línea divisoria entre el pueblo y la tropa, que ésta y sus jefes pierden su energía cuando adquieran relaciones en el pueblo, y mucho más si adquieren propiedades, y si se enlazan con las familias naturales o radicadas en el país. Jefe ha habido que ha llevado la quijotada hasta el extremo de vivir casi aislado en La Habana, solo, como decía él, por conservar su prestigio y que su tropa y oficiales lo conservasen imitando su conducta. El pobre tuvo a bien variar de conducta, porque observó que sobre no encontrar quién le temiese, encontraba muchos que le despreciasen. Hallándome de diputado por la provincia de La Habana en las Cortes españolas llegaron al gobierno superior insinuaciones del de la isla de Cuba sobre mudar la guarnición, porque muchos oficiales y sargentos se habían casado en el país, algunos habían adquirido su dinerito, muchos soldados se habían dedicado a varios oficios que les utilizaban más que el fusil, y esto decían era contrario a la disciplina militar. Yo vi el asunto bajo un aspecto totalmente contrario, pues creo que no puede hacerse mayor recomendación a una tropa, que presentarla como entretenida en sus ocios militares en trabajos útiles, relacionada y estimada en el país en que vive, interesada en su prosperidad por estos bienes que se dice que ha adquirido, en una palabra: sea lo que fuese de la disciplina militar de derecha, izquierda, póngase así, vuélvase del otro lado, etc., etc., convenía conservar una fuerza armada cuyo defecto decían que era tener intereses homogéneos con los del pueblo y ser honrada e industriosa. Por mi parte confieso que lejos de dar algún paso para semejante pretensión, hablé siempre contra ella, y aunque no puedo gloriarme de que fuese impedida por mi influjo, tengo el placer de que no se llevó a efecto, por lo que se abandonan todas las empresas en España, que es por falta de pesetas, pues los pudientes de La Habana no quisieron hacer la gracia de costear llevadas y traídas de tropas solo por mudar de casaca y proteger la disciplina militar.

Las cosas tienen ahora otro aspecto muy diferente. Casi toda la tropa y oficialidad es nueva, y por haber, hasta hay una Junta nueva, compuesta casi en su totalidad de personas nuevas. Pero ¿cuánto tiempo tardará en ser vieja toda esta gente? Es muy largo plazo cuatro meses. La Isla tiene ciertos encantos para ciertas cosas, y mis hombres dentro de poco se encontrarán siendo lo que nunca pensaron. Para que el gobierno español conserve este sistema de novedad en sus militares es preciso que los mude mensualmente. La señora Junta, a pesar suyo, tendrá que envejecerse, y si no, se encontrará tan aisladita como una calabaza en medio del Golfo.

¿Necesita la isla de Cuba unirse a alguno de los gobiernos del continente americano para emanciparse de españa?

Dije en el tercer número, y repito ahora, que desearía ver a Cuba tan isla en lo político como lo es en naturaleza. Condúceme a este modo de pensar, no un vano deseo de ver a la que siempre llamaré mi patria en un rango superior a sus recursos, sino el pleno convencimiento de las grandes ventajas que conseguiría constituyéndose por sí sola, y de la posibilidad de efectuarlo. Algunos han tenido y otros han afectado tener esta opinión por tan absurda, que apenas hablan del caso de separarse la isla del gobierno español sin suponerse como incuestionable que debe unirse a alguno, del continente americano. Contra la mala fe no hay argumentos, sino precauciones, mas la inconsideración es susceptible de reforma, si se halla acompañada de la sinceridad. A ésta apelo; ésta exijo de los hombres de bien de todos los partidos, y espero que desatendiendo la prevención favorable o contraria que pueda inspirarles el autor de este escrito, se designen examinar sus fundamentos.

Las naciones del continente americano, provistas de primeras materias y con infinitos brazos que necesitan un ejercicio (sin embargo de estar muy lejos de poseer la población de que es susceptible el territorio) se hallan en la necesidad de ser manufactureras, si no exclusivamente, por lo menos, en cuanto pueda conciliarse con sus intereses mercantiles. Los cálculos políticos convienen en este punto con los económicos, pues la independencia de los gobiernos recibe su complemento en la independencia de las necesidades, o cuando éstas pueden satisfacerse, aunque menos cómodamente, sin ocurrir al extranjero. Persuadido de esta verdad el Congreso mexicano ha decretado la prohibición de infinitas manufacturas y producciones extranjeras, y sin duda con más o menos rigor deberá seguir constantemente la misma marcha.[18]

Los Estados Americanos nada prohíben, pero sí gravan de un modo que suele equivaler a una prohibición. Ahora bien: la isla de Cuba tiene un interés abiertamente contrario: lejos de sobrarla, fáltanla brazos que emplear en la explotación de la inagotable mina de su agricultura; hállase casi desierta en

---

18 Prescindo de mi opinión, que es totalmente contraria en este punto, y hablo conforme a la que parece estar más generalizada.

mucha parte de su territorio; carece de primeras materias, o por lo menos no son ellas su principal riqueza; si bien no debe desatender las artes, dista mucho, y acaso no se percibe el período en que éstas deban ser objeto a que pueda sacrificarse el menor interés de su opulencia agrícola y mercantil. Producir en abundancia y cambiar sus frutos por las producciones de todo el mundo sin excepción alguna, y con el menor gravamen posible, he aquí el principio vital de la Isla de Cuba.

No es dable que la isla de Cuba, por lo menos en muchos años, aspire a bastarse a sí misma; pero en esto nada influye el estado de dependencia o independencia, sino que todo se debe a la naturaleza y a la corta población. En caso de una guerra, ¿cómo puede favorecerla España? ¿de qué puede proveerla? Dicha guerra sería para la isla lo mismo en estado de dependencia que de independencia. Tendría que tomar por sí sola todas las medidas para ocurrir a sus necesidades y sufrir las que no pudiese evitar. No puede llegarse a la perfección en un día; mas ¿se infiere de aquí que no debe darse el primer paso? Formando parte de cualquiera de las naciones continentales deberá la isla de Cuba contribuir, según las leyes del Estado, a las cargas generales y sin duda serán mucho más cuantiosas, aun en la parte que pueda tocarla, que las que tendría constituyéndose por sí sola; mejor dicho, pagará éstas y a más, parte de aquéllas. Los productos de aduana deberán ser reputados como caudales de la nación, y por consiguiente el sobrante, después de cubrir los gastos que prescriba el gobierno general, deberá ponerse a disposición de éste. Es fácil percibir que bajo el influjo de un gobierno libre, tardarán muy poco los hermosos puertos de la Isla en ser émulos de La Habana, Cuba y Matanzas, y en este caso yo dejo a la consideración de los hombres imparciales calcular a cuánto ascenderá la verdadera contribución de la isla de Cuba en favor del gobierno a quien se una. Estos inmensos caudales (porque sin duda serán inmensos), ¿no deberían emplearse mejor en el fomento de la misma isla, ya construyendo los caminos y canales que tanto necesita, ya sosteniendo una marina cual exige por su naturaleza, ya fomentando los establecimientos públicos, ya propagando la instrucción gratuita, en una palabra: empleando en casa lo que se produce en casa? A nadie se ocultan otras muchas razones, que no creo oportuno exponer, bastándome por ahora haber indicado algunas de las principales.

En cuanto a la posibilidad de efectuar la emancipación y sostenerla, basta reflexionar que en el día nadie sabe qué fuerza conserva la isla de Cuba unida a España; que un fatal alucinamiento tiene a los hombres vacilantes y que solo falta que éste se disipe un poco para que vean claro, conozcan sus intereses y operen de concierto. Si una vez operasen, ¿quién podría obligarles a retroceder? ¿España? ¿Esa España que no ha podido mandar otros socorros que los comprados (porque así debe decirse) por los habitantes de la misma isla? ¿Esa España, donde a la par del hambre crece la impotencia, donde un gobierno sin recursos y embestido por mil y mil necesidades, delira, se aturde, y casi se derroca? ¿Esa España, donde un partido, ya considerable, aclamando a Carlos V, prepara una nueva guerra civil, cuyos funestos estragos aún no pueden calcularse? Yo supongo, por otra parte, completamente disipada la ilusión de los que hasta ahora han esperado de la Santa Alianza toda la garantía y defensa, contra las naciones del continente americano. Supongo también que ya no cabrá duda en que la Inglaterra, sea cual fuere la opinión y deseo de los santos aliados, no permitirá que tomen parte en reconquista alguna del territorio americano, y que por consiguiente importa poco o nada que haya uno o mil congresos en que los monarcas de Europa declaren que son amos de la América. Debe suponerse también que aun el bajo recurso de favorecer indirectamente la reconquista, proporcionando sumas al gobierno español, no tendrá cabida sino en tanto que quieran los ingleses, y éstos a la verdad calculan de otro modo. ¿Qué es, pues, lo que se teme? Nadie lo sabe, pero todos hablan de temores.

Poniéndonos en el caso de que por consentimiento de la Inglaterra, hostilizare a la isla de Cuba alguna de las Potencias europeas, ya directamente, ya auxiliando a la España, es claro que este ataque no podría considerarse sino como trascendental a todos los países independientes de América y que éstos, por utilidad propia, más que por consideración a la isla de Cuba, deberán prestarla toda clase de defensa, aun cuando dicha isla fuese del todo independiente. Tenemos, pues, que la unión a un gobierno continental nada proporcionaría que no se hubiera de obtener sin ella, y los que creen esta unión necesaria para la defensa de la isla, no han meditado sobre la naturaleza de la que debemos llamar causa americana. Para saber lo que harán los pueblos, basta saber lo que les interesa, siempre que el interés sea percibido por la generalidad. ¿Y cuál de los habitantes de cualquiera de las repúblicas continentales no percibiría que la reconquista de la isla de Cuba sería el primer paso para la de su país. Desengáñense, pues, los cubanos y cuenten siempre con los esfuerzos de todo el continente americano para sostenerlos en su independencia si una vez la forman, así como deben contar con ellos para hacérsele formar, de grado o por la fuerza.

Mucho más lamentable es la ilusión de los que esperan que España reconozca la independencia de las nuevas repúblicas, solo por conservar las islas de Cuba y Puerto Rico. ¿Es posible que no se conozca al gobierno español? Jamás renunciará a la reconquista de América, o por lo menos, esperará siempre que el tiempo proporcione ventajas que ahora ni se atreve a imaginar.

Por otra parte, ¿cómo puede ocultarse que el reconocimiento de las nuevas repúblicas, si bien las prohíbe operan abiertamente, no las hará desistir de sus esfuerzos, como suele decirse, por lo bajo, y que el ejemplo de la felicidad conseguida en aquellos pueblos, hará salir al de Cuba de su decantada apatía? Acaso lejos de asegurar la Isla para la Península el reconocimiento de dichos Estados, sería este el medio más pronto de perderla. Reconocida la independencia del resto de América, se ve España en la precisión de conservar siempre un cuerpo de tropas respetable en la isla de Cuba; tropa que sería sostenida por el país gravándolo de un modo considerable, pues no se trata de un sacrificio momentáneo, sino de un estado constante, y de una erogación a la que no se le ve término. El mismo día que se minorase esta fuerza opresora, manifestaría el pueblo que había sido oprimido. Es preciso confesar que España todo lo ha perdido en América y que solo podría conservar algo en virtud de la fuerza. ¿Y cuál es el habitante de la isla de Cuba que crea que es feliz un país donde reina la fuerza? ¿Es ésta la tranquilidad que se desea? ¡Benditos tranquilistas! Sin embargo de todo lo dicho, si la generalidad viese las cosas de un modo distinto, y se decide la agregación de la isla a algún gobierno del continente americano, sería desear que se tuviesen presentes estas y otras muchas observaciones que pueden ocurrir a todo el que medite la materia. Si la unión a otro gobierno se creyese necesaria, por lo menos establézcanse bases que salven en cuanto fuere posible los intereses del país. Por mi parte, no percibo las ventajas de semejante unión, y sí veo sus inconvenientes. En todo caso es preciso que la Isla, cuando no se dé la libertad, por lo menos contribuya eficazmente a conseguirla, tomando una actitud decorosa que la presente con dignidad al mismo gobierno al cual pretende unirse. La unión preparada de este modo tendría el gran prestigio de la espontaneidad, y alejaría mil ideas ominosas que sin duda procurarán esparcir los enemigos de la independencia americana.

Consideraciones sobre el estado actual de la isla de Cuba
(Publicado en el periódico *El Habanero*)

Por muy poco que se reflexione sobre el estado actual de la isla de Cuba, se conocerá claramente que su riqueza debe ir decayendo rápidamente hasta desaparecer, y con ella toda la felicidad de sus habitantes, para quienes el no tener una vida cómoda es estar en extrema miseria, y ésta será más sensible que en ningún otro país, porque sin duda quedarán en pie todas las preocupaciones y costumbres hijas de la abundancia sin existir los medios de llevarlas adelante. Al sufrimiento de la escasez se agregará el de la vergüenza en la mayor parte de las familias, y su estado será verdaderamente lamentable. No es éste un vaticinio (¡pudiera yo vaticinar a mi patria días más felices!); es una deducción bien clara de los hechos que están a la vista de todo el mundo.

La isla de Cuba ha sido rica por su situación geográfica, sus excelentes puertos, sus fértiles terrenos, la naturaleza de sus frutos, que por muchos años casi no han sido rivalizados, o por lo menos no lo han sido en términos de impedir su venta con ventajas considerables. Agregábase a estas causas una bastante poderosa, y es que gracias a ciertos jefes cuya memoria será eterna entre los que amen aquel suelo, a pesar de los ataques del gobierno superior, supieron usar de un obedezco sin dar cumplimiento que ha proporcionado a la Isla no solo el libre comercio, sino una consecuencia necesaria en el estado de las demás provincias de América, que fue constituirla como la proveedora de casi todas ellas, pasando los géneros extranjeros, bajo bandera española, del puerto de La Habana a los demás de América, donde por causas que no es de este momento manifestar, no se tenía igual franquicia, y sus habitantes más tímidos o menos mañosos no supieron proporcionárselas.

Desde que empezó la insurrección de Costa Firme han sido enormes las erogaciones de la Isla, y los perjuicios causados por los corsarios de Colombia; pero aún quedaba alguna indemnización por las ventajas considerables de las expediciones a otros puertos; mas en el día todo falta, y cada vez faltará más. Ya muchas de las casas de seguro se niegan a asegurar ninguna clase de propiedad que salga de los puertos de la Isla para los demás de América, y la que accede es con un premio considerable; no hace muchos días que en esta ciudad se ha asegurado a 17 por 100 después de haberse negado al aseguro la mayor parte de las casas, bajo toda especie de condición. Los colombianos aumentan cada día su fuerza naval, y dentro de poco tiempo se pondrán en aptitud de que no se les escape ni un buque. Si a esto se agrega el saqueo de los piratas, cuyo número se aumentará diariamente, es fácil conocer cuál será la situación de la Isla. De la marina española no hay que esperar sino que gaste un millón de pesos todos los años (y en algunos mucho más de un millón) y que jamás tenga un buque corriente.

Al mismo tiempo, inundan de azúcar y café los mercados de Europa otros muchos países, donde son infinitamente menores los gastos de producción, y no hallándose expuestos a otros riesgos que los del mar, rivalizan, y aun puede decirse que excluyen la concurrencia de los frutos cubanos. Es, pues, evidente que la riqueza de la Isla debe retrogradar a pasos gigantescos y que con la santa apatía la muerte sería por consunción, si no hubiera quien la abreviase.

Es preciso no perder de vista que en la isla de Cuba no hay opinión política, no hay otra opinión que la mercantil. En los muelles y almacenes se resuelven todas las cuestiones de Estado. ¿Cuál es el precio de los frutos? ¿Qué derecho colectan las aduanas? ¿Alcanzan para pagar las tropas y empleados? He aquí las bases; lo demás queda para entretener las tertulias (cuando se podía hablar), pero no produce ni un verdadero efecto político. Las sociedades secretas de que tanto se teme han sido bien insignificantes en este punto. La mayor parte de los asociados, después de haber hablado en ellas con acaloramiento, llegan a sus casas, y ya todo paró; nada queda sino el deseo de que continúen los goces. Solo el ataque de las bolsas puede alterar el orden político de la Isla, y como éste no dista mucho, pues que ya empieza a sentirse, es claro que el actual gobierno tiene mucho que temer. Llamo ataque de bolsas a los efectos de una guerra en que todas son pérdidas y no hay ni una ganancia; llamo ataque de bolsas el que obligara a cerrarse muchas casas de comercio, y a arruinarse muchos hacendados, sin necesidad de que haya un movimiento popular, ni pisen los enemigos el territorio. Mas esto me conduce a una consideración algo más seria y en que es preciso hablar con toda claridad.

Ya hasta los niños de escuela saben que concluir la guerra del Perú y efectuarse la invasión de la Isla por las tropas colombianas es casi todo uno. Si son ciertas las últimas noticias, dicha guerra está casi terminada, pero aun cuando así no sea, creo que toda la probabilidad está en favor de los patriotas. Pongámonos pues en el caso de la invasión, que es inevitable, y reflexionemos que no basta que un pueblo quiera estar quieto si otros más fuertes se empeñan en que no lo esté. La invasión producirá indudablemente infinitos males, pero no estamos ya en el caso de discurrir sobre ellos, pues no es punto en que se nos permite elegir; la necesidad y utilidad de Colombia serán las causas impulsivas, y éstas no se remueven estándose quietos.

Es evidente que si los invasores guardan alguna moderación, si en vez de darse el aire de conquistadores, toman el de protectores, si respetan las propiedades, y sobre todo si no hacen la guerra a otra clase de personas, que a los que tomen las armas contra ellos, su partido será numerosísimo, pues se les unirán muchos que seguramente tomarían las armas contra ellos si observasen otra conducta, y en este número cuento no solo a los naturales sino también a los europeos. La persecución que a unos y otros se ha hecho y está haciendo por opiniones políticas, y si se quiere por operaciones contra el actual gobierno, los ha predispuesto a adoptar cualquier partido, y poniéndolos en contacto por la identidad de desgracia, hará que se reúnan los que no ha mucho que casi querían degollarse mutuamente. Es un error calcular sobre el odio que se ha procurado difundir entre naturales y europeos. Este ni es como se supone, ni durará más tiempo que el que dure en generalizarse algo más la identidad de peligro. El horizonte político no promete otra cosa, y es menester no olvidar que prescindiendo de rencillas particulares cuyo efecto se contrae a cierto número de personas, los odios de partidos cesan luego que variando el interés, único móvil del mundo, varía la opinión, y es de temer que los que antes eran más anti independientes sean los más acalorados protectores de la independencia de la Isla, si consideran que solo de ese modo están seguros. Muchos de los comprometidos, ya por constitucionales, ya por independientes (que en el estado actual es lo mismo), aun cuando no pensasen unirse a los invasores tendrán que hacerlo, pues atraerán sobre sí tal sospecha, y se verán en tanto peligro de ser presos o asesinados, que no les quedará otro partido, pues no todos tienen proporción ni ánimo para andar peregrinando por países extranjeros.

Es preciso no equivocarse. En la isla de Cuba no hay amor a España, ni a Colombia, ni a México, ni a nadie más que a las cajas de azúcar y a los sacos de café. Los naturales y los europeos radicados reducen su mundo a su isla, y los que solo van por algún tiempo para buscar dinero no quieren perderlo. Las demás provincias de América les han dado lecciones muy amargas, y ninguno ha venido a la Isla de Cuba a trabajar por largo tiempo, para perderlo todo en una revolución. En el día es sabido que han sacado del país, y no para llevarlo a España, gran parte de sus capitales, y en el momento en que las cosas se estrechen será inmensa la salida de propiedades, para estar sus dueños en disposición de emigrar en caso apurado. El que tenga un peso tendrá también muy buen cuidado de sepultarlo, y no quedarán más bienes visibles que las fincas (las que no se arruinaren), improductivas por sí solas, y de ningún valor en tales circunstancias. Faltando los capitales y los brazos puede inferirse el resultado.

¿Qué deberá, pues, hacerse? He aquí lo que nadie ignora y todos preguntan. Para la ignorancia afectada la mejor respuesta es el silencio.

Carta del editor de este papel a un amigo

Dice usted, amigo mío, que *El Habanero* ha encontrado buena acogida entre los independientes, y muy mala entre los partidarios del actual gobierno. Todo esto es natural, pero lo que llama mi atención es que algunos hombres de buen sentido e imparciales, dice usted que aprueban las ideas, confiesan que son exactas, pero no creen que ha sido prudente su manifestación. ¡Que fértil en recursos es el miedo! Confiesen esos señores que no tienen valor para decir la verdad o que las circunstancias en que se hallan no les permite decirla, y no tomen por efugio la inoportunidad de la manifestación. Cuando la patria peligra y la indolencia sensible de unos, y la execrable perfidia de otros hace que el pueblo duerma, y vaya aproximándose a pasos gigantescos a un precipicio, ¿es imprudencia levantar la voz, y advertir el peligro? Esa podrá ser la prudencia de los débiles. Mi corazón la desconoce. Quiero descender al sepulcro sin que la memoria de mi vida me presente un solo instante en que yo haya tenido esa prudencia parricida. Los que ahora la echan de menos, quiera Dios que algún día lloren sus efectos funestísimos. Si la casa de un amigo empezase a arder, cuando él reposa tranquilo, ¿sería prudencia y amistad, no excitarle del sueño, no advertirle del peligro, bajo pretexto de no asustarle, de no causar un trastorno en su familia, de no exponerle a las pérdidas inevitables que ocasiona una pronta salida? Pues he aquí el caso, y la conducta de esos prudentes tranquilistas; he aquí la bárbara domiseración que tienen a un pueblo que sienten ver conmovido, aunque tienen casi por cierto que le verán arruinado. Por lo menos, amigo mío, si esos señores tienen el buen sentido y la imparcialidad que usted me asegura y meditan este asunto, yo espero que conocerán que mi conducta no es tan imprudente como se han figurado, y acaso la contraria les merecerá este epíteto.

¡Qué! Mis papeles ¿forman la revolución? No tengo tanto amor propio que así lo crea. Ella es inevitable. Está formada por la misma naturaleza de las combinaciones políticas del orbe, y sobre este principio he insistido desde el primer número de mi papel, que no hubiera escrito a no haber creído que podía contribuir algún tanto a rectificar la opinión, o por lo menos si mi buen deseo no me hubiese impulsado a dar este paso, que muchos creían necesario, pero al que nadie se atrevía, porque el miedo es mucha cosa, y es mucho más fácil charlar que operar.

Todos los que hablan en privado sobre independencia (porque en público nadie se atreve) ponen su mayor empeño en alegar todas las razones de queja contra el partido opuesto y en persuadir la imposibilidad de un avenimiento. Algunos tienen la imprudencia de divertirse inventando sarcasmos y epítetos ridículos para vejar a sus contrarios, e insensiblemente van encendiendo un fuego que por todos medios conviene extinguir. Yo he creído y creo que una conducta semejante es temeraria en ciertas personas y criminalísima en otras que tienen la más depravada intención. En tales circunstancias, me ha parecido que hago un servicio a los habitantes de la isla en contribuir por mi parte a disipar tan funestas ideas y a unir los ánimos advirtiéndoles la comunidad del peligro, presentándoles las ventajas de la armonía, recordándoles los deberes que exige la patria, en una palabra: pidiéndoles a nombre de esta misma patria que no la conduzcan al precipicio, y que por dar pábulo a pasiones momentáneas no se hagan infelices y envuelvan en su desgracia a sus descendientes.

Verdad es que sosteniendo la causa de un pueblo, he atacado la de un gobierno. Pero ¿es ésta la imprudencia de que me acusan? Honrosa acusación como sería degradante no merecerla. ¡Conceda Dios a mis prudentes acusadores que en los momentos de la revolución reinen los principios que ha procurado establecer *El Habanero*, pues así lo exige el bien de esos tímidos, lo que es más: mi cara patria! Dice usted que otros muchos conceden que se debe formar la revolución, pero ¿quién le pone, dicen el cascabel al gato? Seguramente no se lo pondrían los que hacen tal pregunta, mas yo haré otra: ¿es preciso ponerle cascabel al gato? Fórmese la opinión, y basta; perciba todo el mundo que los ánimos están de acuerdo, y entonces ya que van de refranes, yo responderé que gato escaldado, del agua fría bulle. Nadie ignora la irresistible fuerza de la opinión, y cuando ésta se consiga, yo aseguro a esos amedrentados que no faltará quien opere, y sin violencias ni estragos como se imaginan muchos. Una gran parte de los que ahora figuran en la escena como agentes del gobierno español (empezando por el primer jefe), están perfectamente convencidos de que es imposible mantener el sistema actual, y solo sostienen el socavado edificio en desempeño de sus empleos, y por temor de que la divergencia de opiniones o mejor dicho de sentimientos, dé origen a grandes trastornos. Conciliados más los ánimos, y uniformada la opinión, tranquilamente dejarían los mandones sus puestos, quedándose en la Isla, o saliendo de ella, como mejor les pareciese. En este negocio no debe haber nada personal: los que mandan ahora, no son más que unos ministros del gobierno reconocido. Si éste se variase, las personas mudarían de carácter político, pero nada deben sufrir, y aun debe hacerse justicia a su mérito y circunstancias, a menos que su conducta posterior sea contraria al bien de la patria.

Dedica usted un párrafo de su carta a ponderarme los peligros de una revolución. ¡Pues qué! ¿Cree usted que los ignoro? ¿Acaso ha nacido uno en Turquía, o hace tanto tiempo que salí de mi patria que haya olvidado la circunstancia del país, el giro de las ideas favoritas y los motivos particulares que hacen temible una revolución en esta isla? Todo lo conozco. El mal es gravísimo, y el remedio es arriesgado. Pero es de aquellos que no pueden dejar de aplicarse, y que son tanto más ineficaces, y aún más arriesgados cuanto más tarde se haga su aplicación. Esto me recuerda un caso particular que sin embargo de ser de distinta naturaleza puede servir de símil en nuestro asunto. Salieron de Boston para Francia el año pasado varios buques, y sobre aquellas costas les reventó un furioso temporal que sucesivamente iba estrellando contra las rocas los primeros a la vista de los posteriores. Soplaba el viento en tal dirección y con tal fuerza que era absolutamente imposible evitar el lance. El piloto de uno de los buques, en medio de la consternación que reinaba entre marineros y pasajeros, dijo con voz firme y tranquila: «Señores: el único medio de salvarnos es sabernos perder. Si nos entregamos al tiempo, dentro de pocos instantes nos hará sufrir la suerte que veis sufrir a nuestros compañeros. La operación es arriesgada, pero es inevitable». De común acuerdo dirigió el buque al paraje más oportuno de la costa, y manejó su pérdida con tanta felicidad que fueron los únicos que escaparon de la muerte.[19] ¿No podríamos hacer una aplicación política? Yo soy franco, y usted mismo me acusa de serlo algo más de lo que

---

19 En este buque iban el obispo católico de Boston y un militar de los Estados mexicanos, enviado por su gobierno para ciertos negocios en Italia. Dicho señor, que me honra con su amistad, me informó del caso referido.

a veces dice usted que conviene; pero es gana esperar de mí otra cosa, y así puede usted creer que no trato de alucinar a nadie ocultando el peligro, o disfrazando los hechos. Bien sé que, como usted reflexiona, cuando llegue el caso de la revolución, cuantos males sucedan, se les atribuirán en parte (y algunas personas en el todo) a aquel papel revolucionario de Varela: pero ¿qué importa? Eso quiere decir que yo seguiré la suerte de los médicos, que hacen cuanto pueden y a veces con bastante acierto para sanar un enfermo; este se muere, o porque la enfermedad es incurable, o porque las familias, y es lo más frecuente, contrarían todos los planes; pero el resultado fijo es que el médico mató al enfermo, o por lo menos contribuyó eficazmente a que se agravase. También convengo con usted en que ninguno hará mención de los bienes, que casi todos exagerarán cuanto puedan los males, y que muchos clamarán por las ollas de Egipto; pero si así son los hombres, ¿qué hemos de hacerles? Sufrirlos y procurar manejar del mejor modo posible.

Al terminar su carta, vuelve usted a hablarme de los asesinos que algunos bien intencionados quieren mandar para libertarse de mí, y asegura usted que están prontos a sacrificar treinta mil pesos. Yo estoy pronto a decir treinta mil verdades para conservar a esos alucinados esos treinta mil pesos y otros muchos que perderán si no es que pierden la vida, continuando en su errónea conducta. En el suplemento al tercer número de *El Habanero* he dicho algo sobre esta materia, pero las noticias, acaecimientos posteriores me ponen en actitud de formar un juicio más aproximado. Efectivamente, parece cierto que en los primeros momentos de recibirse el segundo número de mi Habanero, dolió tanto en ciertas personas el garrotazo, que formaron o fingieron haber formado ese proyecto, o porque realmente intentasen librarse de mí asesinándome o porque quisiesen espantarme con la noticia. Yo creo que pasado el acaloramiento, habrán conocido que el primer caso no es muy fácil, y sí muy contrario a sus miras como lo he manifestado en el citado suplemento, y en cuanto al segundo caso, se equivocan medio a medio, pues (para valerme de la expresión de un amigo mío) yo estoy perfectamente curado del mal de espanto.

Pensaba decir a usted algo sobre la triste suerte de los liberales en la Isla, que ellos creyeron que sería su asilo, mas éste es asunto que exige alguna extensión y ya es muy larga esta carta. En otra satisfaré los deseos de usted y los míos, aunque con la pena de tratar sobre una materia sumamente desagradable para ambos. Es de usted, etc.

¿Qué deberá hacerse en caso de una invasión?

(Publicado en el periódico *El Habanero*)

No darla el carácter de tal. Quiero decir: no compararla con las invasiones que suelen hacerse para extender el poderío de los gobiernos, oprimiendo los pueblos, sino considerarla como es en sí; considerarla como un esfuerzo de los hijos de la libertad para remover sus obstáculos y hacer que la disfruten otros pueblos, que si bien la desean, no pueden o creen que no pueden dársela por sí mismos. Todo lo que sea establecer una guerra en el país, equivale a arruinarlo y arruinarlo para siempre. Al fin, es preciso desengañarse, el campo queda por los invasores, que en caso de resistencia se convertirán y deben convertirse, en unos verdaderos enemigos. No debe perderse de vista que la mayor parte de la población está dispuesta a unirse a ellos, y que una resistencia imprudente expone el resto a ser sacrificado; al paso que podrá dar origen a acaecimientos más serios, que a nadie se le ocultan y que yo no debo detallar. La isla de Cuba se halla en circunstancias particulares, y la guerra civil que en todos los países es destructora, en ella adquiere un carácter mucho más espantoso. Los irreflexivos hablan de defensa. ¿Por qué no dicen de exterminio de la Isla? Ambas expresiones son idénticas. ¿Creen acaso (como ya ha habido quien tenga la ligereza de decirlo) que las tropas invasoras serán batidas y tendrán que reembarcarse si pueden? ¿Quiénes saldrán a batirlas? ¿Esos pocos soldados con que ahora cuentan? Quizá más de un tercio de ellos aumentarán las filas del enemigo, y el resto no sé qué hará, mas sospecho que no está muy en ánimo de dar pruebas de un heroísmo inútil y temerario. Dado caso que la tropa estuviese tan decidida a sostenerse como desean algunos de los que las mandan, ¿podrían separarse siquiera cuatro leguas de las ciudades, sin que en ellas se rompiese el baile? ¿Qué partido tomarían?

Sé muy bien que esperan nuevas tropas de la Península, y aunque ignoro a su número y probabilidad que haya de que vengan, quiero suponerlas ya en la Isla y que aumentan la guarnición según desean los partidarios del gobierno español; pero ¿serán estas tropas suficientes para contener la gran masa insurreccional, y con el apoyo de un ejército auxiliar? Las nuevas tropas, ¿inspirarán por otra parte gran confianza así por su realismo como por su pericia militar? Formadas al pronto de jóvenes que acaso acaban de soltar el arado, y de otros que habiendo tenido una vida más cómoda, se ven compelidos no solo a sufrir las penalidades anejas al servicio de soldado, sino a abandonar su patria y familia y hacer la guerra contra un pueblo que trata de ser libre, ¿qué debe esperarse de ellas? ¿Ignora alguno que una gran parte debe estar necesariamente compuesta de liberales desgraciados que por más vencimiento que quieran hacerse debe costarles mucho pelear contra la libertad?

Sea, pues, cual fuere el deseo de algunos mandarines, y la terquedad de algunos ilusos, los hombres imparciales deberán confesar que el interés de la isla de Cuba no puede hallarse en una defensa temeraria, cuyo éxito debe ser precisamente la ruina del país. Al fin vendrá a hacerse inevitablemente, después de tantos sacrificios, lo que al principio podría hacerse con la tranquilidad y ventajas de que es susceptible una revolución. Los males son inevitables, pero se disminuirán, tanto más cuanto mayor fuere el empeño de los hombres sensatos de uno y otro partido en reunir los ánimos por el vínculo de la necesidad y del común peligro. Todas las declamaciones son inútiles; todas las invectivas son perjudiciales. Pensar como se quiera y operar como se necesita, es la máxima que debe servir de vínculo, y que ya otra vez he procurado persuadir.

¿Es probable la invasión?

(Publicado en el periódico *El Habanero*)

Nadie ignora que Colombia y México están reforzando su marina de un modo considerable, y con la mayor precipitación. No es de este papel enumerar los buques con que cuentan en el día una y otra república, pero ya habrán tenido buen cuidado los espías del gobierno español en este país de dar cuenta exacta sobre el particular, y aseguro que no habrá agradado mucho, ni a los que la dan, ni a los que la reciben. No hay fuerza naval en la Isla, ni puede mandarla España, que contrarreste a la que dentro de pocos meses presentarán ambas repúblicas, y en este caso, la marina española permanecerá anclada en la bahía de La Habana, y sin duda desde ella impedirá muy bien una invasión. Todos los gastos que ocasione y ocasionará, cada vez más, estarán recompensados, y al fin la tal marina solo servirá para aumentar el número de los consumidores en caso de un sitio.

Teniendo, pues, Colombia y México marina, tropas, dinero, deseos y lo que es más: necesidad de hacer la invasión, ¿será ésta probable? Yo creo que sí, mas los autores de las reflexiones imparciales de la página para la historia, y otros papeles semejantes, creen que no. Veremos quien acierta.

¿Hay unión en la isla de Cuba?

(Publicado en el periódico *El Habanero*)

Más de la que quisieran los enemigos de la Independencia, pero no tanta, a la verdad, cuanta deseamos. Debo hablar con la franqueza de que siempre he usado, y desenmascarar a muchos que se han constituido en los Heráclitos de la isla de Cuba, al paso que ellos mismos son, y quieren ser la causa de sus lloros. No hay unión, repítese mil veces y se exagera y se propaga, y se procura radicar esta idea entre los mismos que deberían unirse. Una u otra anécdota, una u otra imprudencia, una u otra interpretación maliciosa, he aquí las bases sobre que quiere fundarse una desunión necesaria. Yo no niego que la haya; jamás ceso de lamentarla, pero conozco al mismo tiempo el gran recurso que sacan de ella los enemigos de la libertad. Sí, esos mismos hombres que, validos de su influjo, procuran por todos medios separar de la opinión común el círculo más o menos extenso que manejan; esos mismos hombres para quienes la unión, como no fuese en sufrir las cadenas de un gobierno despótico, sería el mayor de los males, que tratan de evitar por todos los medios; esos mismos están continuamente deplorando la desgraciada desunión de los partidos. Si el mal es inevitable (ya que ellos quieren llamarle mal), si contrarrestándole se aumenta, si aumentándose debe terminar muy pronto por la destrucción del cuerpo social, ¡qué ceguedad es la de esos hombres que así se olvidan de sí mismos y de un pueblo en cuyo seno nacieron unos, hiciéronse felices otros!

Correrá, dicen, la sangre. ¡Ah! Dios no lo quiera, pero correrá por ellos y en sus manos estará impedirlo. Es tiempo de remediar unos males que no han empezado; es tiempo de conocer las arterías de los especuladores; es tiempo de disipar los delirios de una opinión, hija de la imprudencia, sostenida por el capricho y propagada por el atolondramiento. ¿Es uno el peligro, uno el interés, una la esperanza, y no es una la opinión? No puedo pensar así de la generalidad de un pueblo, sea cual fuere la irreflexiva conducta de un grupo de hombres a quienes ya la malicia, ya la ignorancia, obliga a presentar un fenómeno político bien extraño sin duda en épocas semejantes. La terrible arma de la desunión, manejada por los mismos que la quieren es la que ha causado y causa más estrago en la isla de Cuba, pues ya se consiga, ya se finja, ya se exagere, siempre, ¡ah! siempre sus golpes son mortales. Quiera Dios que un desengaño oportuno embote sus filos.

Dos palabras a los enemigos de el habanero

(Publicado en el periódico *El Habanero*)

El autor de *El Habanero*, que por primera diligencia ha puesto su nombre al frente de su papel, no ha tenido el gusto de que sus impugnadores lo hayan imitado; pero sí el de conocerlos como a sus manos. Indulgente con las opiniones de todos los hombres, lo es mucho más con las de los tímidos, pero no puede menos que hacerles unas cortas reflexiones sobre el errado plan que han seguido en su ataque.

Cuando los males son evidentes, la pretensión de ocultarlos solo sirve para manifestar que son incurables, y que se quiere distraer la atención del que los padece. Estar todo el mundo palpando, por decirlo así, la necesidad absoluta en que están las repúblicas del continente americano de efectuar una invasión en la isla de Cuba; ver por todas partes los recursos que toman y los medios que preparan para ello; ser la opinión general de todos los países que el negocio se lleva a efecto dentro de poco tiempo, y querer sostener sin embargo uno que otro escritor en la isla de Cuba que nada hay que temer, sin duda es lo más extraño que puede presentarse. Haciéndoles mucha justicia debo creerles alucinados.

En sentido diametralmente contrario diré yo que nada hay que temer, siempre que se procure preparar los ánimos, no para una defensa quimérica, sino para un cambio pacífico, que ponga al pueblo en disposición de darse la ley a sí mismo, y no recibirla de nadie.

Los impugnadores de *El Habanero*, después de darse todo el aire de seguridad posible, concluyen siempre exhortando al pueblo a que haga sacrificios para preparar su defensa. Pero ¿de quién? ¿No dicen esos señores que nadie vendrá a inquietarlos de fuera? ¿No aseguran que la gran masa del pueblo cubano quiere ser español y que solo cuatro locos hablan de independencia? ¿Para qué, pues, ese preparativo de defensa? ¿Para qué, pues, esos sacrificios a que no está acostumbrado aquel pueblo, y que afortunadamente no quiere hacer, por más enérgicas que hayan sido las exhortaciones con que se ha procurado moverlo? La contradicción es un resultado casi necesario en la defensa de una mala causa.

Los que se creen en la necesidad de ser o de fingirse enemigos de *El Habanero*, deben advertir que han errado el camino, pues el papel solo contiene lo que todo el mundo está palpando, y es muy difícil persuadir que no se palpa; y por lo que hace a la persona del editor, nada puede interesarle. Al fin es muy raro ocuparse de un hombre, y de un hombre que ellos llaman desgraciado, cuando se trata de un pueblo y de un pueblo que contemplan en peligro.

Reflexiones sobre la real orden anterior

(Publicado en el periódico *El Habanero*)

El que extendió esta real orden, o no había leído *El Habanero*, o lo había leído queriendo ver en él lo que convenía a sus intenciones. El autor de *El Habanero* no ha vulnerado ni espera vulnerar el carácter de nadie, y aunque está muy lejos de mirar a Fernando VII como su legítimo soberano, lo está mucho más de ocuparse de sus cualidades personales, y de una animosidad, que sobre ser ajena de los principios que siempre le han dirigido, jamás podría aparecer sino como una rastrera venganza no menos inútil que reprensible. Si este papel no fuese perseguido, y pudiesen todos consultar los números que hasta ahora se han impreso, yo omitiría estas reflexiones, dejando que cada cual formase el juicio que le sugiriese su lectura; pero desgraciadamente hay muchos que solo consiguen leer uno u otro número, y aunque esto bastaría para formar idea del carácter y lenguaje del autor, puede entrar la duda de si otros artículos han podido ameritar la ofensiva expresión de osado que se lee en la citada real orden. Yo suplico a los que la hubieren leído suspendan su juicio hasta leer igualmente los números de *El Habanero* sobre que recae, pues a la verdad nada sentiría tanto (porque nada he abominado tanto) como que alguno me tuviese por autor de un libelo famoso, sea cual fuere su objeto. La rebelión a que yo he incitado a los vasallos de Fernando VII en la isla de Cuba, no ha sido otra cosa que un refugio necesario en peligro inevitable. En este punto he insistido desde el primer número de *El Habanero*, y por más que algunos han querido presentar mis observaciones como el resultado, no del convencimiento de los males que amenazan a la Isla si permanece en su malhadada apatía sino del deseo de mejorar mi suerte personal, ya creo que es tiempo de que siquiera por no ponerse en ridículo, empiecen a hacerme justicia, pues que ya casi tocan los males que con tanta anticipación les prenunciaba. Por opinión, todo el mundo sabe que soy independiente, mas con todo cuidado he dirigido siempre mis reflexiones a un punto en que convenimos los de uno y otro partido, esto es: en la necesidad de salvar la Isla, y con ella las fortunas y aun las vidas de sus actuales habitantes. ¿Y es rebelión un recurso inspirado por la naturaleza, y sostenido por las sagradas leyes de la conservación? Hablo, sí, hablo aun a los defensores de esos ilimitados dere-

139

chos de los reyes, y pídoles me digan si quieren llevar sus doctrinas hasta el extremo de sostener que un pueblo a quien su príncipe o abandona o no puede favorecer, debe sacrificarse con evidencia de que su sacrificio es inevitable, y que, sobre causar su ruina nada producirá en favor de ese ídolo a quien se inmola. Pues no es otro el caso de la isla de Cuba. Ella no puede ser ya de Fernando; pretenderlo es sacrificarse sin conseguirlo; ceder en tiempo, o mejor dicho evitar la necesidad de ceder, no priva al príncipe de nada que no tenga perdido o no deba perder inevitablemente, y salva a un pueblo digno de mejor suerte. Creo, pues, que aun siguiendo los principios de los que quieren extender el derecho de la legitimidad hasta el de la tiranía, no puede llamarse rebelión el cambio político de la isla de Cuba. Lo repito: *El Habanero* no está fundado en doctrinas particulares de su autor, sino en las admitidas por todo hombre que tenga sentido común, por los mismos que las impugnan, por ese mismo que ha extendido la real orden a que aludo, y en el secreto del corazón aun por el mismo a cuyo nombre se ha dado. El rey debe ser el padre de su pueblo, y ¿qué padre, sin perder todos los derechos que pueden darle la naturaleza y la ley, pretendería el inútil y bárbaro sacrificio de sus hijos? ¿Sería rebelión en éstos salvar la vida sin inferir a su padre otro daño que el de la separación? Defensores de los reyes: acordaos por un momento de los pueblos.

No puedo menos de notar que en la citada real orden se prohíbe la introducción de *El Habanero* en la Península e islas adyacentes, sin hablar una palabra de América. De modo que, según esto, no está prohibido introducirlo en la isla de Cuba, o por lo menos no fue éste el objeto de dicha real orden. ¿Y qué daño podría causarles en la Península *El Habanero*? ¿Hay allá muchos partidarios de la independencia de América, y mucho menos de la isla de Cuba? A la verdad que no he cometido la simpleza de hacer remesas de mi papel a la Península, y no lo hubieran leído si de La Habana no lo hubiesen mandado. Asegúranme que con los primeros números se instruyó un proceso contra mí, y se remitió a la Corte. ¿Para qué sería esa pérdida de tiempo? Al fin, ellos saben por qué lo han hecho.

No sé si se imprimiría en La Habana la citada real orden (pues en un diario de aquella ciudad es donde la he leído), creyendo que esto serviría para contener la circulación del papel o para mortificar a su autor. Si así ha sido, el cálculo es muy equivocado. *El Habanero* continúa sin diferencia alguna, y su autor no es tan débil que se afecte por tan poca cosa, y si algún efecto pudiera causarle sería el del placer de haber merecido un ataque tan directo de los enemigos de su patria.

Todas las reales órdenes del mundo no podrán oscurecer las verdades palpables que ha dicho *El Habanero* y que continuará diciendo. Pese a quien pesare.

Real orden de Fernando VII prohibiendo el habanero
(Publicado en el periódico *El Habanero*)
«Excelentísimo señor.
Ha llegado a noticia del rey nuestro Señor que el presbítero don Félix Varela, ex diputado de las llamadas Cortes, y refugiado actualmente en los Estados Unidos de América, está publicando en aquel país un folleto titulado *El Habanero*, en que no contento con excitar a los fieles vasallos de S. M. a la rebelión, lleva la osadía al punto de querer vulnerar el sagrado carácter de su legítimo Soberano.

»En consecuencia, se ha servido S. M. resolver lo comunique a V. E., para que tomando el Consejo las oportunas medidas, cuide con la mayor eficacia de impedir la introducción en la Península e islas adyacentes del indicado folleto, etc. De real orden, etc.»

Esperanzas frustradas

(Publicado en el periódico *El Habanero*)

Desde el momento en que cayó la Constitución española tomó un nuevo giro en la isla de Cuba el espíritu de especulación, y ya en general, ya en particular, formáronse cálculos, proyectáronse empresas, y en una palabra, construyéronse los que suelen llamar esos mismos verdugos de la libertad española, Castillos en España. El lenguaje de la adulación reemplazó al de la franqueza, y los que antes llevaron la libertad hasta el exceso, se humillaron hasta el envilecimiento. No es, no, el pueblo de la Isla el que ha presentado este degradante fenómeno. Obra es de un número reducido de personas favorecidas por las circunstancias políticas y por el aturdimiento de un pueblo sorprendido por el tremendo rayo que acababa de destruir sus libertades.

Como si la débil España hubiese adquirido fuerzas y recursos infinitos sin más que haber trocado un gobierno libre por uno despótico, fijáronse todas las esperanzas en el trono de Fernando. Nada se pensó en América; Colombia y México parece que eran países tan distantes y de intereses tan diversos como la China, y solo se trató de continuar la costumbre española del dame dame con peticiones más o menos humilladas.

Uno de los principales proyectos que se llevaron a cabo fue enviar a España una persona que a nombre, tomado y no concedido, de los habitantes de la Isla, felicitase a S. M. por hallarse en la plenitud de sus derechos, o en la facultad ilimitada de hacer lo que mejor le parezca. Debía al mismo tiempo el enviado hacer presente las circunstancias de la Isla e implorar en su favor la piedad de su amo. No era todo gracia lo que se pedía; también se compraba, pues no es otra cosa comprometerse a pagar unos auxilios que el gobierno tenía obligación de proporcionar si quería que continuase la isla de Cuba bajo su dominio, y que deberían pagarse de los fondos generales de la nación española, a quien interesa la unión de la Isla, y no a ésta, que ganaría mucho con la separación.

Al fin, después de haber hecho el encargado de suplicar ante el trono cuantos esfuerzos le han sido posibles por complacer a sus comitentes, ha conseguido mandar alguna tropa a expensas de los que la pidieron, y ha vuelto con algo más de lo que llevó, pues trajo o debió traer el desengaño de la impotencia española, y del poder creciente de sus enemigos. Los que esperaban la llegada de su comisionado, no dudando que fuese no solo portador de nuevas interesantísimas, sino de recursos extraordinarios, que ellos mismos no se atrevían a imaginar, pero que querían que otro los encontrase, habrán llevado un desengaño más, que sin embargo no será el último a que los exponga su obstinada credulidad. Encuéntrase con más fuerza, pero que siendo infinitamente inferior a la de sus enemigos, lejos de proporcionar la seguridad deseada precipita la ruina acrecentando los males. Cada vez escasean más los recursos, se aumenta el inútil sufrimiento, y acaso no dista mucho el tiempo en que sea insoportable, y los mismos cuya imprudencia lo prepara serán los primeros en lamentarlo. Podrán esperarse de España, como dijo uno de mis impugnadores, condecoraciones y títulos con prestigio y en abundancia; mas esperar otra cosa es mucho alucinarse, y a la verdad que no es muy buena defensa la que proporcionan esas armas.

Uno de los principales delirios (porque así debo llamarle) en que han incurrido o afectado incurrir los partidarios del mortífero quietismo cubano, ha sido la vana esperanza de que los Santos Aliados, tomando como asunto exclusivo de sus santos esfuerzos el interés de la isla de Cuba, harían frente de todas maneras a sus necesidades, extendiéndola una mano protectora, y que pesando terriblemente en la balanza política obligarían a los dueños de los mares a contribuir a la empresa de conservar algunos esclavos en medio de tantos americanos libres. El tiempo, que es el mejor maestro, ha dado ya suficientes lecciones sobre este particular, y ha hecho conocer, a menos que no queramos cegarnos, que Inglaterra se ocupa muy poco de los intereses de España, sabe precaverse de los ataques de los Santos Aliados, quiere conservar contra ellos un gran recurso en la libertad americana, y en la de Grecia (aunque esto último no tan claro); en una palabra: que Inglaterra quiere libres o súbditos ingleses en el Nuevo Mundo. Dígase si no, ¿qué fruto han producido los lloros y plegarias del gabinete español ni las misteriosas operaciones de los Santos Aliados? Mientras unos lloran y otros rabian, Inglaterra los contempla con su fría y acostumbrada fiereza, no por amor a los americanos, pues esa palabra no significa nada en política inglesa, sino por interés propio, que es la única regla de los gabinetes.

No es menos lamentable el error, que ya otra vez he combatido, pero que jamás perderé de vista, pues lo considero funestísimo, y consiste en figurarse que al fin España reconocerá la independencia del continente por conservar las islas. Creo que el señor comisionado puede haber hecho ver que toda esperanza es vana en este punto, y los que conocen el gobierno español no debieron esperar informe alguno para no creer en tal reconocimiento. La opinión de España es que en América cuatro alborotadores, prevalidos de la debilidad momentánea de la nación, han sorprendido al pueblo, contra sus leales y generosos sentimientos, pues quiere siempre ser español. Agregan que la ignorancia de la gran masa (que ellos extienden mucho) la imposibilita de formar opinión, y que ni sueña en independencia. En una palabra: yo jamás olvido que (como ya he dicho otra vez) aun en el tiempo constitucional en que los hombres tenían más medios de desengañarse, una persona altamente caracterizada decía que con cuatro o seis batallones fieles se concluía todo el negocio de México. Risum teneatis, amici? Por consiguiente, la esperanza española es y será, que variadas las circunstancias podrán mandarse algunos ejércitos a América, y en un abrir y cerrar de ojos volverá a flamear el pabellón nacional en todas las antiguas colonias, y volverá el tiempo de la abundancia, aquel siglo de oro por los raudales de este metal que para España producía la América. Nadie piensa en las pérdidas actuales. La verdadera pérdida, dicen, es perder el derecho por una renuncia. Conservémosle en el silencio, y le haremos valer en la prosperidad. No es pérdida la que debe indemnizarse con usuras, y tiempo vendrá en que los rebeldes americanos paguen por junto y con réditos los tributos que ahora nos niegan. Algunos toman un giro diferente y afectan una conmiseración como un disfraz de su interés, pretendiendo que el bien de la exige que no se la abandone a las sugestiones de cuatro ambiciosos y a la rapacidad extranjera, que el perjuicio es mutuo, y que al fin debe esperarse que los americanos, conociéndolo, varíen de conducta, e imploren la protección de los mismos a quienes ahora denominan sus tiranos. No son, no, vanas conjeturas mías; son expresiones que se repiten con frecuencia y que yo mismo he oído, costándome bastante trabajo guardar un silencio prudente por excusar una cuestión inútil. Y siendo esta la opinión de España, ¿puede esperarse el reconocimiento de la independencia?

Según las últimas noticias, parece cierto que ha salido de La Coruña para La Habana la famosa expedición de 3,000 hombres (según se dice) de los cuales habrán quedado de 500 a 800 en Puerto Rico, y es probable que el resto se halle en La Habana, sin embargo de que hasta ahora no tenemos noticia alguna. Esta expedición es el gran fruto de los esfuerzos de los anti independientes de la isla de Cuba, y del gobierno peninsular que sin duda habrá creído salvar todos sus intereses en América con la remisión de esos cuatro soldados. Ahora menos que nunca debe pensarse en que el gobierno español varíe de conducta. Antes por el contrario, abrigará la esperanza de poder remitir a expensas de los fieles vasallos de la isla de Cuba otra expedición semejante, otra y otra, porque los cubanos son muy ricos, generosos y fieles. Habrá simple en España, de los que no pasan por tales, que verá ya en su imaginación reconquistados los países de México y Colombia, y a Bolívar, Victoria, Bravo y todos los infames cabecillas de una y otra de las llamadas Repúblicas sufriendo en una horca como el desgraciado Riego el castigo de su atentado.

Entre tanto, el tiempo va continuando sus lecciones, y el desengaño se avanza a pesar de los esfuerzos de los que quieren disimularlo. La marina de Colombia, a más de los buques de que ya he hablado, se asegura que ha recibido otros de primera fuerza y diariamente aumenta los medios de visitar a la isla de Cuba, pasando las tropas que vuelven ya victoriosas del Perú, pero no saciadas de su gloria, ni tan cansadas como quiso suponerlas uno de los impugnadores de *El Habanero*.

México avanza igualmente en sus proyectos, y las dos Repúblicas se encuentran como suele decirse a cuál primero, mientras que los tranquilistas de la isla de Cuba a nadie esperan. Ya he dicho otra vez que soldados se vencen con soldados, y pensar en que con 4 o 6,000 hombres que (concediendo más de lo que esperan los anti independientes) puedan venir de la Península para aumentar la escasa guarnición de la Isla, impedirán los proyectos de los nuevos gobiernos, es quererse alucinar con la ignorancia más crasa. El refuerzo de tropas en Cuba es un recuerdo a las nuevas Repúblicas de la absoluta necesidad en que se hallan de hacer toda clase de sacrificios para invadir la Isla, pues ya no se trata como quiera de remover un obstáculo, sino de evitar un peligro que aunque insignificante en realidad, puede no serlo en apariencia, y tener un influjo político muy perjudicial a la consolidación de sus gobiernos. Nunca es, pues, más probable la invasión de la Isla, que cuando se reciben nuevas tropas de la Península, y nunca es más peligrosa a los intereses del país, que cuando aumentada una resistencia inútil debe aumentarse una hostilidad necesaria. Saben muy bien los nuevos gobiernos que el español ha querido valerse de una estratagema mal urdida en la remisión de la nota diplomática de que he hablado anteriormente, pues ofreciendo suspender toda hostilidad contra las nuevas Repúblicas si éstas suspendían todos sus proyectos contra las islas de Cuba y Puerto Rico, no hacía más que pedir una tregua para reforzarse mandando cómodamente sus tropas a La Habana, bajo pretexto de conservar la Isla en caso de que los nuevos gobiernos faltasen a sus tratados, y al fin cuando mejor le pareciese encontrarían razones para revocarlos todos, empezando por pasar sus tropas al continente americano. La tal petición hecha por conducto del gabinete francés al inglés ha sido pasada por éste a los nuevos gobiernos, sin más recomendación ni esfuerzo (y creo saberlo por conducto bien seguro) que un allá va eso que me piden que remita, pues en sustancia no dice más la nota inglesa.

No debe dudarse que los gobiernos de Colombia y México habrán visto semejante propuesta, como la que podría hacer un general en el momento de la derrota de su ejército, para que su enemigo, suspendiendo las hostilidades, no completase su victoria, sin más razón, sino permítaseme reforzarme para resistir, y aun para atacar. No es otra cosa lo que ha dicho España, y a la verdad con poco disimulo. ¿Puede sostener la Isla? ¿Para qué pide treguas? ¿No puede sostenerla? ¿Para qué las pide? Para hacer una burla a los nuevos gobiernos, si éstos fuesen tan simples que se dejasen engañar, y no reconociesen en la mera propuesta la debilidad, y la mal sostenida astucia de su enemigo. El medio más sencillo que tendría España para evitar las hostilidades de los nuevos gobiernos sería reconocerlos, y si rehúsa esto valiéndose de medios indirectos para evitar sus ataques, no cabe duda de su proyecto de reconquista, y en consecuencia nadie debe dudar de los esfuerzos americanos excitados con tan poderoso estímulo, para impedir que se renueven los tiempos de Cortés, resultando de todo que la isla de Cuba, o el Cuartel General español, debe atacarse por todos los países que han sacudido el yugo peninsular, y por los interesados en la emancipación americana.

Hay un error funestísimo difundido entre muchas personas de La Habana, que no puedo pasar en silencio al terminar este artículo. Aspiran o fingen aspirar a una conformidad absoluta en la opinión, como indispensable para un cambio político. Esto equivale a un no quiero disimulado con una convicción. ¿En qué país, en qué ciudad, en qué familia puede hallarse esa absoluta conformidad de ideas, cuando se trata de objetos de infinitas relaciones y que excitan infinitos intereses? ¿Qué cambio político, o qué negocio de alguna importancia se habría decidido en pueblo alguno si prevaleciesen tales principios? Concedámoslos por un momento, mas en consecuencia confiesen sus defensores que la ruina es inevitable. ¿Habrá unión absoluta verificada la invasión de la Isla? Estoy muy lejos de creerlo. Ni todos resisten ni todos ceden, aunque el número de los temerarios en la defensa será bien corto. Puede por tanto resultar el mismo daño que ahora se teme, y yo no sé si aumentado, por los temores que inspirará en muchos la misma invasión que se cree puede tranquilizarlos. Mas al fin yo debo repetir lo que dije en el número anterior: si la opinión está desgraciadamente decidida a renunciar todas las ventajas económicas y políticas de un cambio propio y espontáneo, y se quiere llevar el temor y la apatía hasta el extremo de querer que vayan los de fuera a hacerlo todo y a ahuyentar una sombra de poder que como a niños tiene amedrentados a mis paisanos, espérese enhorabuena.

Reflexiones sobre los motivos que suelen alegarse para no intentar un cambio político en la isla de Cuba

(Publicado en el periódico *El Habanero*)

La malicia ha encontrado en la timidez un agente eficacísimo para adormecer al pueblo cubano promoviendo los intereses del actual gobierno, cuyo término quiere alejarse todo lo posible, aunque pocos dudan de su proximidad. Dícese al pueblo que es inexperto, apático e indeciso, que se halla enteramente dividido y que a la más ligera mudanza brotará este germen de división produciendo efectos funestísimos. Incúlcase mil veces la necesidad absoluta de una paz octaviana para evitar una ruina desastrosa. Hácense algunas insinuaciones, y aun más que insinuaciones sobre la causa principal de estos temores, y con sacrificio de la prudencia consíguese herir la imaginación sin convencer el entendimiento. Algunos más precavidos no se atreven a arrostrar la opinión contraría (si es que puede llamarse opinión la evidencia de los hechos que a nadie se ocultan), y confesando claramente que el cambio es necesario, preguntan cómo se hace. No falta más sino que pregunten cómo se abre la boca para recibir un bocado, cómo se mueven las quijadas para mascar, y cómo se traga. ¿Cómo se hace? Hablando menos y operando más. Contribuyan con sus luces unos, otros con su influjo y otros con su dinero a salvar la Patria, y con ella los intereses individuales, y este corto sacrificio removerá ese grande obstáculo que tanto se pondera. Repítese de mil modos que es imposible efectuar la independencia sin auxilio extranjero, y yo pregunto: ¿qué se ha hecho para conseguirla?, ¿sobre qué pruebas descansa la aserción de su imposibilidad? Verdad es que un número de patriotas hizo esfuerzos poco felices para romper unas cadenas que se han remachado; verdad es que prófugos unos, presos otros, y todos desgraciados recuerdan constantemente el lamentable, y yo no sé si me atreva a llamar criminal abandono con que han sido mirados por muchos que aspiran al título de patriotas. Dejáronlos, sí, dejáronlos como suele decirse en las astas del toro bajo pretexto de la inmadurez del plan y de la inexperiencia, o si se quiere ligereza de las personas. Yo convengo en muchas partes de estas ideas aunque no puedo llevarlas hasta el término que las extienden los enemigos de la independencia. Buenos son los planes, mas en las resoluciones lo que importa es la generalidad del sentimiento, y si ésta se promovía por los desgraciados patriotas que ahora persiguen, debió fomentarse el proyecto lejos de combatirse de un modo que sería ofensivo si no fuese ridículo. No ha habido intención depravada que no se haya atribuido a los que se atrevieron a decir: seamos libres. ¿Faltaban luces? Hubiéranlas dado los que las tienen. ¿Faltaba prestigio? Hubiéranse acordado muchos que lo tienen, que lo deben a la patria. ¿Faltaba dinero? Bastante gastan inútil, y aun diré inicuamente, muchos que se llaman patriotas. Por otra parte, gastar una corta cantidad por asegurar una gran fortuna, es hacer una buena especulación, y así, aun prescindiendo de todo sentimiento generoso, el interés pecuniario, único móvil de ciertas personas, debió moverlas a contribuir al intento. Estos Heráclitos de la isla de Cuba, como dejé dicho en el número anterior, son la causa de sus lloros. Convengamos en que nada se ha hecho en favor de la independencia como obra de los habitantes de la Isla, y que por consiguiente no hay fundamento para afirmar que es imposible.

Suele decirse igualmente que sin embargo de ser inevitable el cambio que algunos miran como un mal, ya en sí, ya en sus consecuencias, conviene demorarlo todo lo posible, como se hace con la vida de un enfermo de cuya próxima muerte nadie duda. Yo no convendré en el símil pero aun admitiéndole podremos decir que en tales casos es cuando la prudencia justifica tentativas que reprobaría en otras circunstancias. Pero contraigámonos a la cuestión y dejémonos de salidas vagas. ¿Cuáles son las causas de los males que se temen? Según los tranquilistas son la falta de unión, y la heterogeneidad de los elementos sociales. Pregunto: Y la apatía ¿destruye alguna de estas causas?. Antes las aumenta, como crece el mal que no se cura en tiempo. ¿Se espera que ellas por sí se remuevan? Nadie es tan tonto que lo crea. ¿Qué se consigue, pues? Arruinarse, dicen, más tarde. ¿Y no será mejor tratar de impedir la ruina, aunque sea por un medio si se quiere arriesgado? Supongamos que los facultativos opinan absolutamente necesaria una amputación para salvar la vida, y que aun por este medio no le aseguran la cura; pero sí la creen muy probable, ¿sería o no prudente efectuar la amputación? Yo he querido discurrir según las ideas de los enemigos de la independencia, pero a la verdad el símil no es conforme a las mías. No hay un peligro tan grande que solo haga probable el buen éxito de la empresa. Para mí es casi infalible, a menos que de propósito no quieran todos (pues aunque quieran muchos nada importa) trabajar porque se pierda. La desunión se impide procurando cada cual por su parte, si no conciliar, por lo menos no indisponer los ánimos, y conseguida la unión éste es el antídoto para el veneno cuyos estragos tanto se temen, mas no por eso deja de tomarse diariamente.

Consecuencias de la rendición del Castillo de San Juan de Ulúa respecto a la isla de Cuba

Al fin después de enormes sacrificios pecuniarios, de la pérdida de muchas vidas, ocasionada en distintas épocas por infinitos sufrimientos, se rindió el Castillo de San Juan de Ulúa, y su comandante con alguna tropa ha entrado en el puerto de La Habana, como ya antes lo habían hecho Morillo y Morales y lo hubieran hecho La Serna y Canterac. Se acabó el único apoyo del gobierno español en el continente americano,[20] y éste solo tiene que ocuparse de perseguir al enemigo en su último asilo, de quitarle todos los medios de ofender, y de alejar su influencia confinándolo en el otro hemisferio. La necesidad de hacerlo es absoluta. La ocasión es oportuna, y los medios ya son mucho más que suficientes. ¿Dirán aún los enemigos de *El Habanero* que no es probable la invasión? Séalo en hora buena, dicen: nos defenderemos. ¿Por qué no dicen: nos destruimos, y al fin nos rendiremos, después de haber perdido inmensos caudales y muchas vidas, después de haber reconcentrado el odio y alimentado una guerra civil; después de haber dado origen a nuevos partidos no menos funestos que los que existen; después de haber empobrecido si no arrasado los campos, ahuyentado el comercio, causado una gran emigración; en una palabra: después que Cuba haya perdido cuanto la da valor en el mundo culto, y se reduzca a sus ventajas naturales? Entonces saldrán para España los jefes principales, ¿y qué les quedará a los heroicos defensores? La necesidad absoluta de sostener por mucho tiempo un ejército de ocupación y de un gobierno militar que contenga la gangrena amputando y quemando.

Y después de todo esto, ¿qué dirán en La Habana? Como si lo oyera.

Unos, que el negocio está apurado, pero que no se sabe qué hacer; otros, que por ahí vendrán miles y miles de soldados de España contribuyendo los Santos Aliados; otros que ojalá lleguen cuanto antes los invasores, sin hacer más reflexión sino que ése es el medio de sacudir el yugo, y sin prepararse a hacer otra cosa que charlar muchísimo. En estas y las otras tendrán en casa la visita, y un desengaño triste será el tormento de muchos que no lo esperan.

---

20 El Callao acaso está ya rendido y aun cuando no lo esté significa muy poco por la distancia a que se halla, y por la situación de España.

Apuntaciones sobre el habanero[21]

(Publicado en el periódico *El Habanero*)

Reimpreso en Puerto Príncipe, a expensas de los señores Alcaldes Conde de Villamar, y don Feliciano Carnesoltas, de los caballeros Regidores, Alguacil Mayor don Ignacio de Agramonte, Alcalde Mayor Provincial don Gregorio Riverón, don José Francisco Caballero, don José Nicolás Montejo, y Síndico Procurador General don José Ramírez.

Oficina con Permiso del Gobierno

1825

————————

Siendo la isla de Cuba esencialmente agricultora, consiste su felicidad suprema en recibir dentro de sus puertos, todas las banderas del mundo, conservando la protección de una potencia europea, que no puede ser otra que España. La independencia sería su ruina, porque privándole su tranquilidad, la privaría también de aquellos goces, sin ninguna utilidad.

El Autor

Se creerá que refutando *El Habanero*, voy a hacerlo con sarcasmos a su autor, valiéndome para ello de suposiciones y sofismas, de cuentos y engaños. Se equivoca el que lo crea. Usaré de moderación y solo me valdré de la verdad, porque con ella tengo bastante para llenar mi intención; y si como lo creo, triunfo en esta lid, este triunfo lo apreciaré por mi patria, al mismo tiempo que me lastimará el vencimiento que destruya la reputación de mi maestro, disminuyendo o acabando el sentimiento de compasión con que sus compatriotas le miraran.

El presbítero don Félix Varela, natural de esta ciudad, ex catedrático de filosofía moderna en este Seminario, es el autor de aquel periódico. El es el hombre mismo que en 1818 escribió el elogio del señor don Fernando VII, por los singulares beneficios que S. M. había dispensado a esta Isla predilecta; y él es quien hoy aconseja a esta misma Isla que se separe de su dinastía. El es quien por aquel discurso alcanzó el título distinguido con que una corporación literaria premia los servicios importantes de sus individuos. El es el mismo Varela que allí titulaba a S. M. benigno, piadoso grande,

---

21   El padre Varela contestó a su impugnador en *El Habanero*.

generoso, benéfico, protector de la literatura, modesto más que Attalo; y él es quien desconociendo hoy sus beneficios y bondades, lo llena de diatribas y desprecios. El es quien deseaba entonces la energía de la musa tudesca, que cantó las glorias de José II, y llamaba en su auxilio al hijo ilustre de Marón, para cantar las de Fernando; y él es quien hoy titula a su gobierno, ignorante y débil, injusto y envilecido.[22] El es quien sentado en las bancas de las Cortes, votó contra el mismo monarca a quien antes elogió, y él es en fin quien a consecuencia de esos mismos votos se ve obligado a vivir fuera del seno de su familia en un clima mal a propósito para su constitución.

El padre Varela tiene, pues, este último motivo para escribir como enemigo de S. M. ¿Y de qué modo puede hacerlo, combinando también sus intereses particulares? Excitando a los cubanos a operar un cambio de gobierno, porque si arrancara lo que no es posible, al Monarca por este medio, una parte tan interesante de su reino, conseguiría lastimarlo en la parte más sensible, al paso que facilitaría el único medio de volver a vivir en el suelo que le dio el ser.[23]

---

22 Para que se pueda formar juicio de la inconsecuencia del padre Varela, y demostrar que es susceptible de las pasiones que han guiado su pluma se pone a continuación de esta memoria, aquel Elogio. Compárese con *El Habanero* y juzgue el público, si puede ser imparcial el que escribe tan contradictoriamente siendo constante que si el Elogio lo dictó contra su modo de pensar (lo que no es creíble) incurrir cuando menos en la nota de débil y adulador. Y no se diga que la época en que lo hizo era atrasada ni sus circunstancias diferentes. La única diferencia que tiene para el escritor, es, que entonces no le alcanzaron, como hoy, las desgracias de sus semejantes, y no afectaron por tanto su sensibilidad. Pero con su contradicción hemos visto justificada una de sus máximas, a saber: Que el espíritu de adulación es bajo, mientras está en pie su ídolo, e ingrato y variable luego que perece.

23 Hemos llamado al padre Varela enemigo de S. M. y capaz de intentar con sus escritos el trastorno de esta Isla, sin necesidad de advertir que estas ideas solo pueden entrar en la cabeza de un hombre tan presuntuoso como él.

La experiencia ha probado por otro lado, que las instituciones populares no nos convienen. ¿Quién es hoy el que daría un paso en esta Isla, por restablecer la Constitución, después de haber experimentado los escándalos que ella nos trajo, la falta de libertad que teníamos y los frecuentes sobresaltos con que nos amagó el desorden y desencadenamiento de las pasiones exaltadas?

Nos faltan, como queda dicho, los principios de educación y aun la predisposición para pasar de un sistema a otro enteramente opuesto. Y ¿por qué habíamos de pasar?, ¿qué resentimientos, qué cargos podemos hacer a España?, ¿qué males nos ha hecho: a qué bienes podemos aspirar, sustrayéndonos de una dependencia política, que en nada nos ofende? Y por otro lado ¡qué carrera nos abre el padre Varela tan peligrosa para que la sigamos, llevados solamente del espíritu de novedad, de imitación y de seducción interesada!

Recorramos nuestra historia y se verá que jamás hemos sido tratados sino con predilección. Quéjense en buena hora otras provincias americanas si tienen motivos. Ellas habrán experimentado atrasos, perjuicios y si se quiere vejaciones, hijas más bien de la arbitrariedad de algunos jefes, que del espíritu e intenciones del gobierno; pero nosotros que no hemos sufrido ninguno de estos daños ¿por qué hemos de inventar quejas para comportarnos con injusticia, con ligereza y con locuras? Todos nuestros antepasados fueron tratados con dulzura y no puede citarse un solo hecho, que yo recuerde, en que la arbitrariedad de un jefe se nos haya hecho sensible.

Al contrario, de treinta y cinco años a esta parte hallaremos que nuestra prosperidad progresiva, si bien ha sido efecto de circunstancias particulares, no puede dudarse que en ella han tenido una influencia muy directa las franquicias con que se nos ha dejado comerciar. El gobierno Supremo siempre dispuesto a concedernos exenciones extraordinarias, nos ha hecho conocer en todas ocasiones la preferencia con que nos ha tratado, aun en circunstancias de chocarse esas mismas exenciones con el interés de los españoles europeos, las cuales se han llevado adelante no obstante sus frecuentes reclamaciones.

Verdad es que la caída de Santo Domingo fue quien dio el primer empuje al asombroso aumento de nuestra rica y preciosa agricultura; pero es también incontestable que no hubiéramos sido tan felices ni tan grandes, si el gobierno de Madrid, hubiese seguido los principios coloniales del de Londres. La isla de Cuba, pues, unida a la Península ha caminado gigantescamente a una prosperidad de que no hay ejemplo en el mismo espacio de tiempo. Los inmensos adelantos de su agricultura y la extensión de su comercio exterior, habiendo engrosado extraordinariamente estas dos fuentes de la riqueza pública, habían de aumentar su curso y aun de multiplicar los canales por donde se extendieran hasta la gente más infeliz. No se ha conocido la pobreza y si las clases y aun los colores se hubiesen de distinguir en el porte exterior de las personas, es indudable que no se conocería la inferior.

El contacto con todas las banderas del universo, y una precoz y general disposición a las ciencias, al mismo tiempo que nos ha hecho caminar a la riqueza, nos ha enseñado a vivir en cierta despreocupación de principios; y estas mismas causas dejándonos pensar y comparar, nos han hecho mirar con cierta indiferencia o sin temor los anatemas que en otras partes fueran fatales. Nuestra educación nutriéndonos con semejantes principios y acostumbrándonos a gozar, bajo el dominio de España, de todo el grado de libertad que pudiéramos apetecer, nos ha enseñado a discernir el bien y el mal para saber escoger. Hable por nosotros la experiencia de lo que han sufrido los que no han tenido este discernimiento.

155

En otro tiempo, cuando mi maestro no se ocupaba más que de su filosofía, creía yo que su ambición se limitaba a adquirir alguna institución, con sus libros, dentro de los claustros del Colegio; pero los escritos que ha publicado en su actual retiro, me convencen de que aspira a más. En efecto, es muy seductora la idea de transmitirse a la posteridad con el carácter de defensor de los derechos y de la libertad de su patria: de esa pretendida libertad que deslumbraría a otro pueblo que no fuese el muy ilustrado de esta Isla, que ya la disfruta y que conoce lo insignificante de la expresión, sabiendo que ella no consiste en la licencia sin límites de hacer cada uno lo que quiere, sino en obedecer la ley y a los encargados de su ejecución; y en saber lo que es lícito hacer o dejar de practicar.

El padre Varela ha tenido, pues, en el resentimiento, el odio y la venganza, tres agentes muy poderosos que le han movido a escribir; y lo ha hecho cubriendo sus verdaderas intenciones o pasiones, con el aparente bien de su país y confiando con demasiada presunción en que un concepto adquirido en el encierro de sus estudios y en la austeridad de sus costumbres, darían peso a los argumentos que él mismo despreciara en otra pluma y en otra época.

Apenas puede concebirse que el autor de *El Habanero*, sea el mismo presbítero Varela, que todos hemos conocido; y que aquel mismo hombre sin físico, sin alientos y sin sangre, sea el que nos aconseje una revolución, para preservarnos de otros males, como si pudiésemos temer otro mayor.

Tres de sus números se han visto privadamente en La Habana: todos se han sorprendido al leerlos: todos los buenos se han llenado de la indigna-

---

No es, pues, extraño que nos conservemos unidos a nuestra antigua y afectuosa madre, ni que nos neguemos a cambiar un bien real y verdadero, por otro tan cercado de vicisitudes y peligros; y por tanto no es justo ni racional que los gobiernos nacientes de Colombia y México, para quienes podrá ser un bien la independencia, nos quieran privar del nuestro que consiste en mantenernos unidos a España.

Hemos concluido nuestra primera parte, en que creo haber demostrado lo que me propuse. Apenas he apuntado los principios, lo que es a la verdad muy poco si se atiende a lo mucho que habría que decir en el particular; pero además de que soy enemigo de largos discursos y de que me parece suficiente lo dicho para probar lo que está a la vista de todos, tengo que entrar en la segunda parte que se compondrá de cuatro palabras a los argumentos de mi maestro, empezando por sus Consideraciones sobre el estado de la Isla de Cuba.

ción que necesariamente produce la emisión de doctrinas tan desastrosas para esta Isla, pero no se escribe por desidia, o por temor de entrar en una materia delicada sin considerar que los misterios son acaso más imprudentes, y que el hombre de bien no debe guardar su capacidad, si ella puede ser útil a su patria. Todos quieren que *El Habanero* se refute y en efecto lo refutan privadamente, pero ninguno toma la pluma para hacerlo, aunque no se les oculta que se necesitan muy pocos esfuerzos para ello, porque la mayor parte de sus argumentos, desaparecerá como el humo, delante de la sencilla verdad y de los intereses conocidos en este país.

Seguro es que yo falte a aquélla aun en los puntos que puedan halagar a mi maestro, porque no me guía otra causa que la de ver la felicidad de mi patria, por otro lado que la mira el presbítero Varela. Aunque sus intenciones fuesen tan buenas como las mías, le llevo la ventaja de la imparcialidad, porque no tengo los motivos que le obligan a faltar a ella: motivos que por esta vez han ofuscado su razón y presentándole aquella felicidad precisamente en el lugar que ocupa su desgracia.

Para probarlo, dividiré mis apuntaciones en dos partes, tratando en la primera, las razones que se oponen a nuestra emancipación, y en la segunda procuraré destruir los argumentos de Varela, sin confiar en otra cosa que en la verdad con que escribo bien satisfecho de que ella suplirá mi falta de capacidad. Empecemos, pues, por resolver la cuestión que forma la primera.

¿Podemos ser independientes?

¿Tenemos los medios para serlo?

Para que la isla de Cuba fuese independiente sería preciso que contribuyesen a la declaración, todos sus habitantes unánimemente, como lo indica el mismo Varela, y que fuese uno y absoluto el sentimiento de todos, porque de otro modo habría de derramarse sangre, y la primer gota sería el precursor muy triste de raudales inmensísimos. Deberíamos tener la indispensable población de que carecemos. Deberíamos haber nacido, o habernos educado, sin principios que admitiesen otra forma de gobierno. Y deberíamos en fin, tener resentimientos y quejas, haber recibido males y no bienes de nuestra madre España, para que la experiencia de aquéllos nos inclinase a mejorar de suerte. Veamos si puede haber esa unanimidad de opiniones.

Es imposible que la haya. La Isla tiene a su cabeza un jefe a quien el Rey la ha confiado, y este jefe manda un considerable número de armas.[24] Un militar nutrido en el ejercicio de su profesión y en el honor que la distingue, debe a todo trance llenar las obligaciones de su instituto; y por más moderado que sea, por más que abunde en principios la lenidad, este jefe y sus armas, no podrían contarse sino como un partido de posición contra la independencia.

Todo el que conozca al que actualmente nos manda sabe que solo al absoluto exterminio de sus armas, podría seguir una capitulación, porque no conociendo, como militar y español, otro camino que el del honor, ni otra ley que la de la fidelidad a la confianza de su mandatario el Rey, se dejaría hacer pedazos antes que manchar la reputación que le adquirieran los importantes servicios contraídos en su brillante carrera.[25]

Tenemos, pues, una clase muy importante que disminuir a la buscada y necesaria unanimidad, pero ella no sería sola. Deben agregársele la de comerciantes, porque todo cambio político influye muy poderosamente en las especulaciones mercantiles, especialmente en países remotos y peligrosamente constituidos. La de propietarios de todas clases por el riesgo que corren sus propiedades, no habiendo ya tal unanimidad. La nobleza muy ilustrada de este país, que no es creíble ni presumible que prefiera un movimiento popular en que aventuraba intereses físicos y morales. El clero que por más que diga mi maestro, ha experimentado muy dolorosamente la disminución de respeto, consideraciones y aun del prestigio con que se miraba antes del ensayo constitucional. Y los monacales restablecidos, a quienes un gobierno parecido, había borrado del catálogo de las corporaciones y arrebatándole hasta los medios de subsistencia, pregunto: ¿Formarían parte de la unanimidad? Y los artesanos, ¿por qué la habían de formar? Viviendo ellos de la ocupación que les dan las otras clases y no pudiendo éstas emplearlas por razón de los trastornos, es claro que perecerían: y no hay en este mundo quien prefiera perecer en alborotos, a vivir y sostenerse

---

24   De contado siete mil veteranos, incluso los que según la opinión del padre Varela se habían desertado antes de embarcarse para América.

25   Palabras de las Reales órdenes de 9 de febrero y 4 de marzo de 1824.

en quietud. Solo los constructores de puñales y los que lavarán la sangre, tendrían esta triste y horrorosa ocupación.

No teniendo la necesaria unanimidad veamos si tenemos población.

Cerca de seis mil leguas cuadradas comprende la isla de Cuba y puede asegurarse que las cinco sextas partes están incultas. Su población aunque se calcule con exageración esta primera parte, no pasará de 300 mil almas entre europeos y naturales: 120 mil libertos y 250 mil esclavos. Tenemos pues, 670 mil almas en lugar de los cuatro millones que deberíamos tener, aun suponiendo que la parte inculta se poblase tan en pequeño como la que no lo está. Esto supuesto, veamos si ella es bastante para establecer un gobierno por sí misma, para dirigirse y defenderse y resistir los muy probables ataques de otras potencias envidiosas.

La situación geográfica de la isla de Cuba, sus relaciones políticas y de comercio, su riqueza y la heterogeneidad de su misma población, contestarían sin largos comentarios la cuestión de una manera negativa. Porque el poder y la fuerza de una nación, son en todas circunstancias, relativos al número de sus vecinos, porque para el caso se requiere no solo que el poder y la fuerza sea moral sino también física. La riqueza no compensa entonces la falta de población; careciendo como de ésta se carece de fuerzas y de poder y hallándonos nosotros en este extremo, abandonados a nosotros mismos seríamos necesariamente la presa del más fuerte. Los aliados no aumentan en tales casos la cantidad de poder, sino después de mucho tiempo, porque no los podemos tener antes de ser potencia reconocida; y no pudiendo alguna serlo nuestra, de un modo que le sea gravoso, sería indispensable que todo el milagro lo hiciésemos nosotros solos; y sin fuerza y sin poder no es posible conseguirlo.

Y no se diga que pudiera ser bastante la fuerza y el poder que tenemos en nosotros mismos, porque es muy visible su falta de relación con el territorio, al mismo tiempo que se halla distantísima de ser tan rica como sería necesario. Supongamos una agresión después de pronunciados y quitando de contado la fuerza armada que hoy poseemos, porque ésta habría evacuado el país, ¿quiénes compondrían la fuerza física? ¿Mis paisanos? Ellos no son soldados: ni sus costumbres, ni su carácter, ni el amor que tienen a la paz, ni el hábito de la quietud, dejarían que lo fuesen. Las relaciones políticas y mercantiles disminuirían en mucho la fuerza física, porque son éstos, vínculos muy difíciles de romper. La riqueza que acostumbra a los hombres a temer el riesgo personal, la había también de disminuir y disminuyéndose, por último, y aun chocándose en razón de la heterogeneidad de la población, la fuerza y el poder quedarían reducidas a la menor entidad.

Pero aun en esta población tan pequeña como es, no está calculada, por su educación y principios, para recibir la forma del gobierno democrático.

Llámase así aquel en que el poder soberano reside en el pueblo; y es de todos los gobiernos, el que condenan los publicistas más experimentados, porque siguiendo la expresión de uno de ellos sería preciso que los hombres fuesen, lo que están muy distantes de ser, ángeles, para que pudiese ser justo y duradero.

Nosotros nacimos bajo el gobierno monárquico y éramos ya mayores de edad sin conocer otro. Este gobierno, no es ciertamente el que tiene menos partido. «Cuando en la monarquía están reunidas todas las voluntades en una persona sola, es cierto y lo confirma la experiencia, que todas las resoluciones se toman con mayor prontitud y se ejecutan con más vigor. Todas las veces agrega que la formidable república de Roma, se vio amenazada de un riesgo inminente, creó un dictador cuyo poder no tenía límites.» Y nosotros vemos en nuestros días a los democratizadores de Buenos Aires, Colombia y México, acudiendo a este remedio, es decir al gobierno absoluto de un hombre, solo en circunstancias apuradas y frecuentes.

Es pues, claro que no sin justicia ha tenido partidarios el gobierno monárquico y los tiene todavía; y por tanto no debe extrañarse que nutridos en sus principios, estemos con él bien avenidos. Además la vanidad del hombre necesita un pábulo. Las distinciones lo halagan y seducen, y aunque en todos los gobiernos pueden obtenerse éstas, la antigüedad y la emanación real, les da a unas aquel prestigio o aprecio, que no tienen en un gobierno nuevo, vacilante y sin garantías ni respetabilidad pública. La monarquía tiene sus jerarquías, sus clases, que sirven de columnas al trono, y aunque los habaneros no son soberbios son hombres; y aun cuando valiera muy poco para ellos el brillo de honores no merecidos, lo cierto es que el que los tiene se engalana y se envanece con ello, y el que no, se deslumbra y los codicia.

Tales son las impresiones que recibimos en nuestros primeros años, que nunca o muy tarde se nos borran. Vimos a nuestros padres aspirando a honores: vimos las consideraciones que se tuvieran a las distinciones y todo se nos quedó marcado de una manera indeleble. Nacimos y nos educamos en estos principios, y por lo mismo yo, que no escribo para halagar sino para decir verdad, debo concluir en que no estamos calculados para recibir otra forma de gobierno, de donde no nos pudiesen venir honores en tanto número, ni con el mismo prestigio.

Dice que por muy poco que se reflexione sobre él se conocerá claramente que su riqueza ha de decaer rápidamente, por la naturaleza de sus frutos, que en muchos años no han sido rivalizados de un modo significante; y por él obedezco y no cumplo que ha poseído a diferencia de los otros puntos de América: Que la Isla ha sufrido muchos perjuicios en su comercio, causados por los corsarios de Colombia y por la paralización de sus expediciones a otros puertos; y por último, funda aquel decaimiento en que otros países producen en gran cantidad los frutos de éste y pueden venderlos en Europa más baratos que nosotros.

Estas son las razones en que el autor de *El Habanero* se apoya para concluir con muy poca reflexión, que va a desaparecer la felicidad de nuestros habitantes, para quienes el no tener una vida cómoda, es estar en extrema miseria, y que al sufrimiento de esta escasez, se agregará el de la vergüenza (no sé por qué) de la mayor parte de las familias. Tristísimo vaticinio es por cierto el de mi catedrático, para su patria, a quien, entre paréntesis quisiera vaticinar mejor.

Desde luego, si el padre Varela, cuando se propone probar que la riqueza de la Isla va a desaparecer y con ella la felicidad de sus habitantes, dice que ella ha sido rica por su situación geográfica, sus excelentes puertos, sus fértiles terrenos y la naturaleza de sus frutos, no entendemos por qué se ha de trastornar la situación geográfica ni de cegarse los puertos, ni de esterilizarse las tierras, ni de alterarse la naturaleza de sus frutos, solo por realizar el vaticinio de la pronta y gigantesca decadencia con que se nos intimida. Y en todo caso ¿remediaría la independencia este trastorno universal?

Los corsarios de Colombia, en efecto, se han aprovechado hasta ahora de nuestra falta de fuerzas navales, pero hoy que posee este apostadero mayor número de buques y más fuertes que aquella república, es de esperar que no se cumpla el vaticinio, si se atiende a que los colombianos habrán de considerar, si no temer, una fuerza marítima tan respetable, a cuya sombra es natural creer que se vivifique nuestro comercio europeo; y aunque las circunstancias no nos permiten, como antes, especular en los puertos del Seno y en la bahía de Honduras, este perjuicio es muy pequeño para producir el decaimiento notable de nuestra riqueza, que el padre nos vaticina.

Si se disminuye el precio de nuestros frutos porque no puedan rivalizar en los mercados de Europa, con los más baratos de que habla el presbítero Varela, esto será un mal sin duda alguna, pero un mal que no podemos remediar con la emancipación, porque ni ella haría el milagro de esterilizar aquellas tierras, ni nos abriría nuevos mercados para nuestros frutos. Al contrario nos haría perder el de la Península, que es a la verdad el que equilibra y ha equilibrado siempre el monopolio extranjero; y como en la isla de Cuba, según mi maestro, no hay opinión política, sino opinión mercantil, nosotros no quisiéramos perder este canal, que hace salir una parte muy considerable de nuestras cosechas, por el solo placer de seguir la opinión política del padre Varela y llamarnos independientes, en cuyo caso recibirían nuestras bolsas el ataque con que nos quiere amagar.

Hasta los niños de escuela, dice que saben, que concluida la guerra el Perú y efectuarse la invasión: ¿el Libertador será tan indiscreto que en el cansancio de la pasada guerra, en el momento de afianzar su gobierno, y arreglar los inmensos países que comprende, se distraiga en empresas peligrosas sin medios para llevarlas a cabo?

El padre Varela, escribiendo en los Estados Unidos, ha debido imponerse de que si éstos se han aumentado en población y enriquecido por medio de su comercio marítimo, ha sido porque no se separaron en muchos años de un principio muy conocido en política, a saber, las potencias nuevas no deben ser conquistadoras.

Bolívar no puede ignorar este principio: sabe que su pueblo tiene sobre sí una deuda enorme: sabe que está agobiado de contribuciones, y probablemente cansado de una guerra de 15 años. Sabe que los angloamericanos en la defensiva que hicieron dentro de su propia casa, con haber sido de muy corta duración, contrajeron una deuda de cien millones, que aun están pagando; y no es natural que a costa de nuevas contribuciones y de una deuda tan grande como sería preciso contraer, para llevar la guerra a país extraño, quiera teñir con nuestra sangre las páginas de su historia.

Además, es preciso considerar que de la pretendida invasión, Bolívar no sacaría ventajas, porque ¿qué hallaría en un país cuyas producciones y riquezas van a desaparecer de carrera según lo afirma mi maestro? ¿por qué ha de temer que auxilie a España una Isla que va a estar en extrema y vergonzosa miseria? Si la marina de Colombia se ha de aumentar cada día y como dice Varela, dentro de poco se pondrá en aptitud de que no pase ningún buque, ¿no será más racional creer que se contenten con seguir apresándolos y sacando de ellos la utilidad que no pueda proporcionar la invasión? Pero esta invasión, ¿es ofensiva o protectora?

Si lo primero mi catedrático dice que acá no hay amor a España, ni a Colombia, ni a México, sino a las cajas de azúcar y a los sacos de café; y debe saber, pues que lo dice, que la conservación de esas mismas cajas de azúcar y sacos de café, nos haría salir a todos de nuestra santa apatía para defendernos de tan injustos agresores; en vez de recibirlos con los brazos abiertos. Y si lo segundo, vuelvo a mi propósito. Colombia no tiene los medios de realizarla, ni ninguna utilidad, ni debe tener temores, que le sirviesen de estímulo. Ni bastaría su voluntad aunque le sobrase todo, porque tal vez y sin tal vez, esa invasión se opondría a la política y aun a los intereses de otras potencias.

Prescindiendo de los muy conocidos de los grandes aliados, hablo de la Inglaterra, que ha canonizado el principio de no consentir la intervención directa de las potencias europeas, en la pacificación de las provincias disidentes americanas; y pues que nosotros nos hallamos respecto de éstas en aquel caso, y que nuestro derecho a estarnos quietos en unión de España es algo mayor y más respetable que el que tendría Colombia para traernos la guerra y sacarnos de nuestra santa apatía, ¿por qué no hemos de creer que sea consecuente con sus propios principios? Pero aun cuando lo fuese, su política y sus intereses la obligarían, sabiendo, o temiendo, que la independencia de esta Isla cualquiera que fuese la potencia americana que la excitara, sería seguida, de grado o por fuerza, de su unión a los Estados Unidos, en cuyo caso habían de pasar muchos años antes que la Gran

Bretaña, tuviera que olvidar el nombre de las Antillas; y antes que las estrellas federadas, enseñoreándose en el Atlántico, le arrebataran con vilipendio el tridente de Neptuno.

Habla el padre Varela de persecuciones: ¿Cuáles son las de que habla?, ¿serán las de los soles? No porque él mismo dice que el gobierno no ha podido menos que tomar algún partido para contener a los conspiradores. ¿Será la del alférez Rodríguez y sus cómplices? Tampoco, porque participa de la expresión de Varela. Fuera de esto yo no sé, ni nadie sabe aquí de otras persecuciones, a no ser que llame tales, la remisión a España de algunas personas que se introdujeron furtivamente y de oficiales llamados por el alto Gobierno. No son, pues, ésas las que han hecho sacar capitales del país para llevarlos al extranjero. Esto sucedía cuando el año de 23 los partidos y divisiones, nos hacían temer a cada instante una anarquía; pero después que cesó la Constitución, tuvieron los capitalistas la confianza debida en el gobierno, y cesaron también aquellas emigraciones. No son menos equivocadas las noticias que tiene el padre Varela sobre delaciones. Nada es tan fácil como hablar y dar noticias exageradas, pero el hombre juicioso que no tiene prevenciones, modifica estas noticias, o al menos no les da ascenso, sin muchas seguridades. Por no haberlo hecho así, se difunde el autor de *El Habanero* en esta parte, haciendo injustísimos cargos al gobierno y mucho deshonor a sus paisanos. Ni éste ha procedido en La Habana, una sola vez, que pueda citarse, por las delaciones a que se contrae, ni aquí ha existido ni existe ningún espionaje, ni es posible hallar un cargo más injusto, que el de acusarlo en esta parte, sabiendo como todos sabemos el pulso y meditación con que se contrae Varela, cuando dice que apenas existe una familia que no esté relacionada con ellos? ¿Cuál es la familia respetable a quien se dio un mal rato por efecto de venganzas? Sabrá *El Habanero* en Filadelfia más que nosotros en La Habana, pues lo único que acá sabemos es que no llegaban a cincuenta los presos de la conspiración del año de 23: que en la de Rodríguez no pasaron de diez los arrestados, que de éstos los que aparecieron inocentes quedaron al instante en libertad; y que en ninguna de las dos se halló preso alguno notable, ni aun siquiera una persona de las que se llaman conocidas. Lo que se entrevé en esto es que mi catedrático, en cierto modo, hace la apología de las conspiraciones, cuando critica al gobierno porque procura cortarlas. El que conspira para mudar la forma de gobierno en que vive ¿no es criminal en todas partes del mundo?

Las conspiraciones sorprendidas, dice que son un ejército dispersado, que no necesita más que reunirse de nuevo y aumentarse, para volver a la batalla. Ciertamente que el padre Varela tiene un modo de raciocinar muy militar. ¿Con que el acto de reunirse y aumentarse un ejército dispersado, es tan fácil como decirlo? Si esto fuera así, y aun diré más, si esto fuese muy posible ¿cuánto tiempo habría que Colombia estaría tranquila? Pero supongamos que lo fuese, ¿y no cuenta el padre, con el partido opositor, o cree que la guerra civil es también una jarana?

La mitad del número segundo de *El Habanero*, se llenó con el estado de intranquilidad de la isla de Cuba, la cual se hace subir hasta el cenit, para medir por esta enorme altura y en razón inversa, la proximidad de su riesgo y la imperiosa necesidad en que estamos de anticipar la revolución.

Y que ¿sería extraño que tuviésemos intranquilidad mientras no sepamos el resultado de la gran cuestión que actualmente agitan los Soberanos aliados? ¿Lo sería cuando la hay en todo el mundo y cuando hasta los astros la experimentan? El mismo presbítero Varela no está muy tranquilo, hallándose en país extraño, de donde porque no puede hallar su Habana en cualquier parte,[26] quisiera salir para volver a su casa, no obstante que ve representada la imagen de Washington en todas las calles de un pueblo racionalmente libre.

Racionalmente ha dicho mi maestro: nótese la expresión y sépase que si los motivos personales que le han hecho escribir, hubiesen dejado libre su racionalidad, él no habría aglomerado en la falta de libertad que nos atribuye, en los espionajes y en las persecuciones que supone, los motivos en que funda la necesidad de revolución, dentro de un país cuya racional libertad debe saber el autor de *El Habanero*, lo mismo que no puede ignorar el espíritu de lenidad que usan los monárquicos, respecto de la grosera y chocante intolerancia con que les trataban los constitucionales.

Empero la intranquilidad de este país no puede provenir sino de temores para lo futuro; mas estos temores pueden disiparse, luego que se resuelva por las grandes naciones, el problema que las ocupa, en cuyo caso, es de

---

26   *El Habanero*, número segundo, folio 64.

esperar, una larga y no interrumpida tranquilidad. Pero aun cuando hoy no tuviésemos a la vista ese porvenir; aun cuando creyésemos el riesgo muy cercano, este sería un mal, pero nunca equivalente al remedio que nos indica el padre Varela aconsejándonos una revolución: revolución cuyas terribles consecuencias conoce el mismo presbítero, puesto que cuando sospecha que le atribuyan sus horrores, se pone a llorar detrás del hado político que la decreta.[27]

En el número tercero no veo cosa cuya refutación no está comprendida con más o menos extensión en lo que dejamos dicho. Sin embargo, advierto una inconsecuencia a mi maestro, cuando dice que la permanencia del invasor[28] deberá ser toda costeada por nosotros, después que antes aconsejó que los invasores[29] tomasen el carácter de protectores. Advierto también que el padre ha hecho una confesión muy importante y es que Cuba y Colombia tienen intereses muy diferentes y marcados, en que no pueden convenir. Y como del producto de sus argumentos resulta que la isla de Cuba, debe ser independiente por sí sola, claro es que según su propia opinión, no debemos unirnos a Colombia, en lo que estamos de acuerdo, como lo estaríamos, si mi catedrático no estuviese delirando, en que nuestra independencia es un absurdo, porque no nos conviene y por impracticable, según se convence en la primera parte.

Lo demás no vale la pena de contestarse, ni aun el desprecio merece el pequeño diálogo sobre la venida de los soldados de La Coruña. El padre hizo una burla de esta venida: y si en todos los cálculos políticos es tan acertado, respondan los batallones de la Unión y España.

Como el padre Varela, conoce a fondo nuestros verdaderos intereses, viéndolo yo tomar un rumbo diferente, me he convencido de que le ha guiado únicamente su interés particular. Yo siento, porque al fin fue mi maestro, que por esta vez haya equivocado el camino eligiendo el más opuesto a su provecho. Si él hubiese aconsejado a sus parciales y discípulos, la tranquilidad y unión a España,, principios únicos en que consiste nuestra verdadera felicidad, entonces su suerte y su peregrinación habrían interesado

---

27 Número segundo de *El Habanero*, pág. 60.
28 Número tercero, pág., 101.
29 Número 1, pág. 18.

a todos; y si esta comportación y la sensibilidad y ruego de sus paisanos, no le hubieran alcanzado algún día, del mejor de los Reyes, un lecho en su nativo hogar, tendría por lo menos la dicha de decir: yo también contribuí a la felicidad de mi patria.

Conclusión

Después de haber considerado la cuestión desde sus dos puntos de vista; después de concluir en que no podemos, ni tenemos los medios de ser independientes; y que las repúblicas nacientes de Colombia y México tampoco pueden ni deben emprender una expedición a esta Isla para traernos lo que no nos conviene; después que hemos indicado también algunas razones que en política se tendrán muy presentes por Inglaterra, para garantizar nuestra integridad; y por último después que creo haber probado que la verdadera libertad e independencia es la que nosotros gozamos bajo el suave y paternal gobierno de S. M. debo con la misma franqueza que ha guiado mi pluma, no ocultar a mis compatriotas, que el momento es crítico y agitándose la gran cuestión americana por los Soberanos de Europa, y reconocida o al punto de reconocerse por el de la Gran Bretaña, la independencia de las tres repúblicas, se aproxima una crisis, que si bien puede sernos ventajosa, no sería imposible que experimentásemos algún sacudimiento.

En consecuencia, el deber y la prudencia exigen que salgamos de la inacción, para dirigir la opinión pública por senda que conocemos de nuestra felicidad: que todos, junto al gobierno, formemos una masa, que bajo la obediencia debida a las autoridades, pueda resistir los ataques de nuestros verdaderos enemigos. Y pues, que en todas ocasiones nos ha oído el trono con benignidad, no es de esperar que en la ocasión más importante de nuestra historia, desatienda nuestros clamores. Unámonos pues, para llevar a los pies del Rey, nuestras súplicas reverentes: hagamos conocer a S. M. los riesgos que pueden amenazar a su siempre fiel isla de Cuba, cuya conservación, felicidad y quietud, ha ocupado constantemente su real corazón y cuyos habitantes llenos de gratitud, por los reiterados beneficios que han recibido, son por lo mismo acreedores a la continuación de su real clemencia, a fin de que se digne ocupar de nuestra suerte y seguridad, usando de los muchos recursos de su poder Soberano.

Y mientras que S. M., como es indudable, resuelve lo conveniente para afianzar esta seguridad, hagamos nosotros los esfuerzos que corresponden a los vasallos predilectos del trono, para que los enemigos de nuestra paz, que son del Rey nuestro señor viéndonos en actitud firme y dispuestos a oponernos a sus maquinaciones, conozcan que la isla de Cuba, no está poseída de la santa apatía que nos atribuye el presbítero Varela. Tengamos presente que los esfuerzos espontáneos y con anticipación son más apreciables y útiles y menos gravosos que los que se precipitan y fuerzan, para que convencidos de esta verdad incontestable, corramos a ofrecer a nuestra seguridad, quietud de nuestras familias y unión indisoluble con la Metrópoli, el sacrificio de una pequeña parte de nuestras propiedades. Entonces, cualquiera que sea nuestro riesgo, el triunfo no puede ser dudoso, si además decimos con el padre Varela:

»Espíritus irreflexivos, o mal intencionados, aléjanos
»del trono del más benéfico de los Reyes: no atentéis
»dirigir al centro de la prudencia las asechanzas del
»privado interés o de fines, que no pueden tener cabida
«en esta feliz y casi singular localidad.»

Libros a la carta

A la carta es un servicio especializado para

empresas,

librerías,

bibliotecas,

editoriales

y centros de enseñanza;

y permite confeccionar libros que, por su formato y concepción, sirven a los propósitos más específicos de estas instituciones.

Las empresas nos encargan ediciones personalizadas para marketing editorial o para regalos institucionales. Y los interesados solicitan, a título personal, ediciones antiguas, o no disponibles en el mercado; y las acompañan con notas y comentarios críticos.

Las ediciones tienen como apoyo un libro de estilo con todo tipo de referencias sobre los criterios de tratamiento tipográfico aplicados a nuestros libros que puede ser consultado en Linkgua-ediciones.com.

Linkgua edita por encargo diferentes versiones de una misma obra con distintos tratamientos ortotipográficos (actualizaciones de carácter divulgativo de un clásico, o versiones estrictamente fieles a la edición original de referencia).

Este servicio de ediciones a la carta le permitirá, si usted se dedica a la enseñanza, tener una forma de hacer pública su interpretación de un texto y, sobre una versión digitalizada «base», usted podrá introducir interpretaciones del texto fuente. Es un tópico que los profesores denuncien en clase los desmanes de una edición, o vayan comentando errores de interpretación de un texto y esta es una solución útil a esa necesidad del mundo académico.

Asimismo publicamos de manera sistemática, en un mismo catálogo, tesis doctorales y actas de congresos académicos, que son distribuidas a través de nuestra Web.

El servicio de «libros a la carta» funciona de dos formas.

1. Tenemos un fondo de libros digitalizados que usted puede personalizar en tiradas de al menos cinco ejemplares. Estas personalizaciones pueden ser de todo tipo: añadir notas de clase para uso de un grupo de estudiantes,

introducir logos corporativos para uso con fines de marketing empresarial, etc. etc.

2. Buscamos libros descatalogados de otras editoriales y los reeditamos en tiradas cortas a petición de un cliente.